Alexander Solschenizyn

Heldenleben

Zwei Erzählungen

Aus dem Russischen
von Heddy Pross-Weerth

PIPER

Mehr über unsere Autoren und Bücher:
www.piper.de

Neuauflage einer früheren Ausgabe
ISBN 978-3-492-50098-2

Die Originalausgabe der Erzählungen erschien 1994 unter dem Titel »Ego« und »Na Krajach« in der Zeitschrift »Nowyj mir«, 5/1995 .

Covergestaltung: zero-media.net, München
Covermotiv: FinePic®, München
Printed in Germany

Alexander Solschenizyn
Heldenleben

Inhalt

Ektow, der Philanthrop

1 Pawel Wassiljewitsch Ektow wußte schon früh, schon vor seinem dreißigsten Jahr, sogar schon vor dem deutschen Krieg, daß er in jeder Hinsicht ein konsequenter, ja sogar ein geborener Dorfkooperator war; deshalb strebte er ganz und gar nicht nach hehren, weltbewegenden Zielen. Um seinen Standpunkt zu behaupten, hatte er sich an scharfen öffentlichen Disputen zu beteiligen und den Lokkungen und Vorwürfen der revolutionären Demokraten standzuhalten. Diese Leute beteuerten nämlich, »Kulturarbeit« auf dem Terrain der »kleinen Taten«* zu betreiben, sei wertlos, sei nicht nur schädliche Kraftvergeudung für Belanglosigkeiten, es sei Verrat an der Menschheit insgesamt zugunsten einer Handvoll einzelner Individuen in der unmittelbaren Umgebung; es sei banale, billige Wohltätigkeit ohne Perspektiven auf Vollkommenheit. Es existiere nun mal der Weg zur universalen Rettung der Menschheit, es gebe den richtigen Schlüssel zum idealen Volksglück. Was könnten im Vergleich dazu die kleinen individuellen Hilfen von Mensch zu Mensch bedeuten, die nur Erleichterung der Alltagskümmernisse brächten?

Viele Kulturarbeiter fühlten sich durch diese Vorwürfe beschämt und versuchten gekränkt, sich zu rechtfertigen, ihre Arbeit sei auch nützlich für die globale Ordnung der Menschheit. Ektow hatte sich jedoch je länger je mehr davon überzeugt, daß die den Bauern in ihren dringendsten Nöten gewährte alltägliche Hilfe keiner Rechtfertigung bedurfte, denn sie brachte der Volksnot Erleichterung in vielerlei realen Formen. Erleichterung, wie sie abstrakte Predigten der Dorfpopen und die heruntergeleierten frommen Sprüche in den Kirchengemeindeschulen nicht gewährten. Da gab es beispielsweise die bäuerliche Kreditgenossenschaft, sie weist einen Weg, von dem aus man sicherer den globalen Sprung zum endgültigen Menschheitsglück tun kann.

Ektow kannte alle Arten von Kooperativen, und er liebte sie von Herzen. Als er in Sibirien lebte, hatte er über die dortige Molkerei-Kooperative gestaunt, die ohne große Fabriken ganz Europa mit duftender, wohlschmeckender Tafelbutter versorgte. Und hier zu Hause im Gouvernement Tambow hatte er jahrelang voller Energie die Genossenschaftsspar- und Darlehenskasse geleitet, auch während des Krieges. (Gleichzeitig hatte er sich im Semgor* betätigt, wenn ihm auch dessen scharfe Politisierung und die Drükkebergerei vor der Front höchst zuwider waren.) Er leitete die Spar- und Darlehenskasse noch das ganze Revolutionsjahr 1917 hindurch. Im Januar 1918, am Vorabend der unausbleiblichen Verstaatlichung aller Genossenschaften, sorgte er dafür, daß seine Kreditgenossenschaft insgeheim den Sparkunden ihre Einlagen auszahlte.

Dafür wäre Ektow bestimmt eingelocht worden,

wenn die Bolschewiki – ständig auf Trab – der Sache auf den Grund gegangen wären und nicht zuviel anderes im Kopf gehabt hätten. So luden sie Ektow nur einmal ins Kasaner Kloster vor, den Sitz der Tscheka, und mit einem oberflächlichen Verhör war alles ausgestanden. Die Tschekisten hatten genug größere Sorgen, zum Beispiel mit den Militärdienstpflichtigen. Fünf Jahrgänge waren gleichzeitig einberufen worden. Als die jungen Leute sich auf dem Hauptplatz beim Kasaner Kloster sammelten, sprengte aus einer Seitenstraße ein forscher Reiter mit kühnem Haarschopf auf grauem Roß heran und brüllte:

»Genossen! Was hat Lenin uns versprochen? Er hat uns versprochen, daß es nie wieder Krieg gibt! Also geht nach Hause! Wir haben genug gekämpft, mehr als genug! Und jetzt sollen wir wieder in den Krieg gejagt werden? Haut ab – nach Hause!«

Und wie es da in den jungen Burschen im grauschwarzen Bauernzeug aufloderte! Im Nu rannten sie los, die einen sofort raus aus der Stadt in die Wälder zu den Deserteuren, die anderen überfielen die Stadt und plünderten; die Obrigkeit mußte fliehen. Am Tag darauf kam sie zurück zusammen mit Kikwidses Reiterei.

Die Bürgerkriegsjahre durchlebte Ektow in großer Verwirrung. Bei dem grausamen gegenseitigen Vernichten der Landsleute und unter dem eisernen Huf der bolschewistischen Diktatur war der Lebenssinn ganz Rußlands und auch sein eigener verloren gegangen. Nichts Ähnliches hatte es in Rußland je gegeben. Das menschliche Leben überhaupt, die Tätigkeit vernunftbegabter Geschöpfe, war aus dem verständigen, gewohnten Gleis geraten. Unter der Bolschewikenherrschaft hielt sich das Leben verborgen, zerfaserte in geheime, listig ersonnene Rinnsale. Als überzeugter Demokrat sah Ektow jedoch in einem Sieg der Weißen und damit der Rückkehr der Kosakenpeitschen keinesfalls einen Ausweg. Und als im August 1919 Mamontows Reiterei zwei Tage lang auch Tambow heimsuchte, verspürte er in diesen beiden Tagen – obwohl die Tschekisten aus dem Kasaner Kloster geflohen waren – weder seelische Befreiung noch Genugtuung. (Es war übrigens von vornherein klar, daß es sich nur um ein unbedeutendes Zwischenspiel gehandelt hatte.) Aber auch das bolschewistische Regime war nach Einschätzung der gesamten Intelligenzija von Tambow nur kurzlebig. Man gab ihm zwei, höchstens drei Jahre, dann werde es zusammenkrachen, und Rußland werde das schon begonnene demokratische Leben wieder aufnehmen. Allerdings zeigte sich im Radikalismus der Bolschewiki wohl nicht nur Böswilligkeit oder Unverstand, man mußte auch die immensen Schwierigkeiten bedenken, die der dreijährige äußere Krieg und der ihm unmittelbar folgende Bürgerkrieg aufgehäuft hatten.

Tambow ist ein kornreiches Gouvernement; daher hatte es in diesen Jahren noch keinen nackten Hunger gekannt. Die kalten Winter brachten jedoch gefährliche Not und verlangten von den Menschen, alle Kräfte von Verstand und Herz aufzubieten, vor allem brauchte man praktische Geschicklichkeit. Mit der Zeit wurde die gemächliche bäuerliche Welt um Tambow gnadenlos zerstört, erst von den Sperrtrupps eingekeilt (die den Bauern, wenn sie mit ihren Fuhren unterwegs waren, Getreide und andere Nahrungsmittel einfach auf der Straße wegnahmen), dann von den Getreidebeschaffungstrupps und schließlich von den Soldateneinheiten, die Deserteure einzufangen hatten. Der Einmarsch eines solchen Trupps in ein schreckerstarrtes Dorf bedeutete unweigerlich die Erschießung einiger Bauern, und seien es auch nur zwei oder drei »zur Belehrung« des ganzen Dorfes. (Es kam auch vor, daß die Kerle von der Treppe der Amtsbezirksverwaltung aus aufs Geratewohl eine Maschinengewehrsalve abfeuerten.) Und jedes Mal wurde kräftig geplündert. Quartierte sich so ein Beschaffungstrupp für einige Zeit in einem Dorf ein, verlangte er vor allem, erst einmal selbst gefüttert zu werden. »Los, gib 'nen Hammel her! Los, 'ne Gans! Eier, Butter, Milch, Brot!« (Und später verlangten sie auch noch Handtücher, Bettlaken, Stiefel.) Damit hätten die Bauern sich schließlich noch abgefunden, doch wenn diese Beschaffer ein paar Tage im Dorf herumspaziert waren, trieben sie einen trübseligen Wagenzug der Bauern zusammen, beladen mit Getreide, Butter, Fleisch, Honig, Leinwand als Geschenke für die proletarische Obrigkeit, die den Bauern weder Salz noch Seife noch Eisen schickte. (Statt dessen wurden in den einen oder anderen Dorfladen hin und wieder seidene Damenstrümpfe oder Glacéhandschuhe oder Petroleumlampen ohne Docht und ohne Petroleum geliefert.) Und so schaufelten die Beschaffer den Bauern das Getreide aus ihren Scheuern und ließen ihnen oftmals nichts übrig, weder zum Essen noch zur Aussaat. Die Bauern nannten diese Trupps »Schwarze«, weil sie sich wie Teufel aufführten und weil viele Nichtrussen dabei waren. Über dem ganzen Gouvernement Tambow thronte drohend der blindwütige Gouvernementlebensmittelbeschaffungskommissar Goldin, der sich um das Leben der Menschen nicht scherte, ihr Leid und die Tränen der Frauen für nichts achtete. Schrecklich war er auch für seine Untergebenen. Nicht viel milder verhielt sich der Lebensmittelkommissar des Kreises Borissoglebsk, Alperowitsch. (Mit würdigen Spitznamen taufte diese Obrigkeit durch Abkürzungen sich selbst. Es gab da zum Beispiel einen *Leipolagouv* Weidner; selbst Ektow kam lange nicht dahinter, was dieses gräßliche Wort bedeutete: Leiter der politischen Abteilung des Gouvernements.)

Anfänglich glaubten die Bauern gar nichts. Was ging hier eigentlich vor? Heimkehrende Soldaten (von der Front, aus der Reserve oder aus der Gefangenschaft, wo man sie ausgiebig mit kommunistischer Propaganda gefüttert hatte) brachten in ihre Dörfer die Nachricht: Die Bauernmacht ist angebrochen, die Revolution ist für die Bauern gemacht worden. Der Bauer ist nun Herr im Land. Aber warum schicken die Städtischen dann Ungläubige zu uns und kränken die schwer arbeitende Bauernschaft? Selbst haben sie kein Korn gesät, aber gierig sind sie auf unseres. Dabei hat Lenin gesagt: Wer nicht gepflügt und nicht gesät hat, der soll auch nicht essen!

Durch die Dörfer schlich das Gerücht: Es hat Verrat gegeben. Im Kreml hat man Lenin mit jemand anderem vertauscht!

Pawel Ektows Herz schlug zeitlebens uneingeschränkt für die Bauern und ihre Nöte, er liebte ihre Lebensauffassung, ihre umsichtige Sparsamkeit (zur Kirche gingen sie in Stiefeln, durchs Dorf in Bastschuhen, aufs Feld barfuß), bitterlich schmerzte ihn die sinnlose Zerstörung des Dorfes. Die Bolschewiki plünderten das Tambower Dorf, zogen es nackt aus, nahmen alles (und auch jeder ankommende Fremde, sei er Revisor oder Instrukteur, grabschte sich sein Teil). Gab es etwa jetzt noch jenes satte, friedliche Bild: Abendliche geruhsame

Heimkehr der gesunden vielhundertköpfigen Herde ins Dorf? Kinder treiben sie mit ihren Stecken, ständig schwebt eine Wolke von durchsichtigem Staub in den Strahlen der sinkenden Sonne; Pumpenschwengel quietschen und kündigen das Tränken vor dem ausgiebigen Melken an. Jetzt sah man nachts keine hell erleuchteten Fenster, unbenutzt standen die Petroleumlampen, nur Talgkerzen aus Hammelfett gaben in den Hütten spärliches Licht.

Inzwischen ging der Bürgerkrieg zu Ende, die Bauern von Tambow hatten es versäumt, sich den Weißen anzuschließen. Doch was sie in diesen Jahren erduldet hatten, überschritt jedes Maß. Das Volk brauste auf. Im Herbst 1919 hatten die Bauern den Vorsitzenden des Gouvernement-Exekutivkomitees, Tschitschkanow, erschlagen, als er im Gouvernement herumreiste. Die Reaktion der Obrigkeit war eine drastische Strafexpedition gewesen (Ungarn, Letten, Finnen, Chinesen), und wieder hatte es viele Erschießungen gegeben.

In diesem ausgeplünderten Winter wuchs der Bauernzorn, staute sich immer mächtiger an.

Im Frühjahr, nach dem Abtauen, borgte Pawel Wassiljewitsch sich eine Telega und fuhr in die ihm vertraute Umgebung von Karawajnow, um sich mit Nahrungsmitteln zu versorgen. Wo die Nasse und die Trockene Panda sich treffen und dann zusammen weiter zur Worona fließen, liegen die Dörfer

Gruschewka, Gwosdjowka, Treskino, Kurgan und Kalugino. Gruschewka hatte gleich hinter dem Dorf üppige Heuschläge; im Juni war alles in den Duft von Rispengras, Lagerfeuern und Klee eingehüllt. Treskino besaß eine ganz eigenartige Kirche, einen dreistöckigen Kubus. Und dann die Herrschaftskirche in Nikitino! Sie war mit blau-braunen Kacheln verblendet, und das Dach hatte eine schuppige Auskleidung. Kurgan war stolz auf seinen hohen Grabhügel aus der Tatarenzeit. Schließlich das säbelartig angelegte Kalugino mit seinen unordentlich verstreuten Vorwerken im kahlen, engen Tal der Trockenen Panda. Und dagegen die Auen der sich schlängelnden Nassen Panda mit ihrem dichten Gras und dem Wachtelschlag. Ein Tummelplatz für Kinder, Angler, Enten und Gänse, Badeplatz für die Kinder bis zum Gürtel, auch die Kühe stiegen zum täglichen Melken aus diesem Fluß heraus. Dann der große Wald. Er begann gleich hinter Gruschewka und Gwosdjowka und reichte mit seinen Schluchten bis fast nach Nikitino mit seinen vielen Gärten.

Dem Frühling 1920 sahen die Bauern in großer Sorge entgegen. Viele wollten nicht einmal säen: Es ist ja doch für die Katz, man nimmt's uns sowieso weg. Aber – kann man selber ohne Brot bleiben?

Die Bauern rotteten sich in Wäldchen und

Schluchten zusammen, berieten, wie sie sich verteidigen könnten.

Doch es war für die Bauern aus den verschiedenen Dörfern schwierig, sich zu verabreden, sich zu vereinigen, gemeinsam zu entscheiden und außerdem den richtigen Augenblick zu wählen, um zum großen Krieg aufzubrechen.

Unterdessen plünderten Goldins Beschaffungstrupps nach wie vor die Dörfer aus und feierten an ihren Standorten große Gelage. (Manchmal verlangten sie für eine Nacht eine bestimmte Anzahl Frauen, und das Dorf fügte sich, was soll man denn machen? Immer noch besser als Erschießung.) Nach wie vor erschossen die Deserteurfänger die im Gouvernement Aufgegriffenen »zur Belehrung«. (Drei Jahrgänge, Achtzehn- bis Zwanzigjährige, wurden eingezogen. Wer in die Kommunistische Partei eintrat, wurde freigestellt.)

Im August 1920 loderte es dann ganz von selbst in Kamenka, Kreis Tambow, auf. Die Bauern prügelten die Männer eines Beschaffungstrupps windelweich und nahmen ihnen die Waffen ab. Auch in Treskino ging es in diesen Tagen los: Ein Beschaffungstrupp hatte vor der Amtsbezirksverwaltung eine Versammlung der Aktivisten einberufen, da wälzte sich plötzlich die Bauernkraft über die Straße mit Mistforken, Schaufeln, Äxten. Die Beschaffer schossen in die Menge, doch die heranbrandende Menschenwoge schlug zwei Dutzend Kerle zusammen und gleich dazu noch ein paar Kommunistenweiber. (Ein kleiner Junge wurde getötet, er hatte einen der Rebellen angerufen: »Onkel Petja, hast du mich erkannt?« Der erschoß den Kleinen, damit er ihn später nicht verraten konnte.) In Gruschewka waren die Leute so wütend über all die Raubzüge, daß sie einen der Beschaffer zu Boden stießen und ihm, als sei er ein Baumstamm, den Hals durchsägten.

Schwer, sehr schwer ist es, die russischen Mushiki aufzuscheuchen, doch wenn der Volkssauerteig einmal aufgeht, ist es mit der Vernunft vorbei. In Knjashe-Bogoroditzkij, Kreis Tambow, beschloß die Bauernschaft in Bastschuhen – erleuchtet vom Geist der Gerechtigkeit – »Tambow zu erobern«. Wie zur Tatarenzeit mit Mistforken, Ofengabeln, Äxten zogen diese *Mistgabelritter* unter Glockengeläut durch die am Wege liegenden Dörfer und erhielten unterwegs noch Verstärkung. So näherten sie sich der Gouvernementhauptstadt, bis sie, die Hilflosen, in Kusmina Gatj an eine Maschinengewehrsperre gerieten. Die Überlebenden zerstreuten sich in alle Winde.

Wie ein Brand unter Strohdächern verbreitete sich der Aufstand im Nu im ganzen Kreis und ergriff auch die Kreise Kirssanow und Borissoglebsk. Überall wurden die örtlichen Kommunisten niedergemacht (ihre Frauen mit Sicheln umgebracht), die Büros der Dorfsowjets zertrümmert, Sowchose und Kommunen auseinandergesprengt. Die überlebenden Kommunisten und Aktivisten flohen nach Tambow.

Die fremden Kommunisten – woher die kamen, das konnte man sich leicht ausmalen. Aber die hiesigen, was für Leute waren das? Bei verschiedenen dörflichen Begebenheiten hatte Pawel Wassiljewitsch festgestellt, daß er den einen oder anderen von früher kannte. Bei den ersten Wahlen zu Ortssowjets wußten die Bauern noch nicht, welch uneingeschränkte Macht dieser Neuheit zuteil werden würde. Sie hielten die Einrichtung für unwichtig, denn jetzt gab es ja die *Freiheit* für alle. Wahlen waren nicht die Hauptsache, die Hauptsache war, das Gutsherrenland in Besitz zu nehmen. Und welcher ordentliche Mushik läßt seine Arbeit im Stich, um in irgendein Amt gewählt zu werden? Nach Ämtern drängten sich nur Leute, die zwar der Geburt nach, nicht aber der Arbeit nach Bauern waren, nämlich die Schlingel, Leichtfittiche, Faulpelze, Hungerleider. Manche hatten sich von Jugend an in Städten und auf Baustellen als ungelernte Arbeiter herumgetrieben; dort hatten sie revolutionäre Losungen aufgeschnappt. Und dann waren da auch noch die Frontdeserteure aus dem siebzehner Jahr, die es so eilig mit dem Plündern gehabt hatten. Alle diese

Leute waren Dorfkommunisten, Aktivisten, Obrigkeit geworden.

Pawel Wassiljewitsch, in humanistischen Traditionen erzogen, war von ganzer Seele gegen jedes Blutvergießen. Doch jetzt und erst recht nach dem heiligen Volksfeldzug auf Kusmina Gatj war das Verhältnis von ohnmächtiger Rechtlichkeit und unerbittlicher Gewalt so offenkundig, daß die Bauern gar nicht anders konnten, als zu den Waffen zu greifen. (Es gab viele Gewehre, Säbel, Granaten. Mitbringsel der Heimkehrer aus dem deutschen Krieg. Außerdem waren von den verjagten Mamontow-Leuten Waffen zurückgeblieben. Manche Bauern versteckten Gewehre und Munition, andere vergruben sie.)

Ektow, der Volkstümler und Philanthrop, sah für sich keinen anderen Weg als den der Aufständischen. Allerdings: Der große Bürgerkrieg ist zu Ende, welche Erfolgsaussichten hat jetzt ein Bauernaufstand? Wie auch immer, die Bauern werden keine gebildeten Verbindungsoffiziere haben. Und wenn Ektow auch ganz und gar kein Kriegsmann ist, sondern nur ein Dorfkooperator, so ist er jedenfalls gebildet und ein gescheiter Mann. Er wird schon irgendwo nützlich sein können.

Aber – seine Frau! Polina, sein Herzblatt! Und Marinotschka, das fünfjährige Stöpselchen mit den kornblumenblauen Augen? Wie kann er sie verlassen? Welchen Heimsuchungen werden sie ausgesetzt sein? Welchen Gefahren? Vielleicht sogar dem nackten Hunger? So ist es nun mal, unser bebendes höchstes Glück ist auch unsere Schwäche.

Polina war in größter Sorge, doch sie nahm sich zusammen und ließ ihn ziehen.

»Du hast recht. Ja... Recht hast du... Geh.«

Sie blieb mit dem Töchterchen in ihrer Stadtwohnung. Hier hatte sie armselige Lebensmittelvorräte und Holz für den bevorstehenden Winter, außerdem verdiente sie etwas Geld, sie war Lehrerin.

Pawel Wassiljewitsch verließ Tambow und machte sich auf die Suche nach dem mutmaßlichen Aufstandszentrum.

Er fand es: Ein kleines Häufchen ohne festen Standort, das sich um Alexander Stepanowitsch Antonow geschart hatte. Dieser Antonow war seiner Herkunft nach ein Kleinbürger aus Kirssanow und hatte 1905 zur Sozialrevolutionären Partei, zu den Expropriateuren*, gehört. (Man darf davor nicht die Augen verschließen: Solche Sachen haben doch gewiß allerhand mit Kriminalität zu tun?) 1917 war Antonow aus sibirischer Verbannung zurückgekehrt, bis zum bolschewistischen Umsturz war er Polizeichef von Kirssanow, später hatte er bei der Entwaffnung der Tschechischen Legion*, die in Militärtransportzügen durch Kirssanow kam, eine Menge Waffen einbehalten. Schon im Sommer 1919 hatte er mit einer kleinen Gefolgschaft hier und da örtliche kommunistische Zellen überfallen, während die Sozialrevolutionäre Partei selbst sich nicht entschließen konnte, die Bolschewiki zu bekämpfen, denn sie fürchtete, damit den Weißen zu nützen. Antonow handelte auch jetzt nicht im Auftrag der Sozialrevolutionären Partei, sondern auf eigene Faust. Die Tscheka des Gouvernements Tambow fahndete schon den ganzen Winter 1919/20 nach ihm, ohne seiner habhaft werden zu können. Antonow besaß zwar keinerlei Bildung, hatte nicht einmal die Kreisschule abgeschlossen, aber er war verwegen, entschlossen und blitzgescheit.

In dem allmählich entstehenden Stab Antonows, den man eigentlich noch gar nicht so nennen konnte, gab es keinen einzigen Offizier, der Erfahrung in Stabsarbeit gehabt hätte. Da war das Naturtalent Pjotr Michajlowitsch Tokmakow, ein Bauer aus Inokowka I. Als Unteroffizier in der Zarenarmee war er im deutschen Krieg zum Fähnrich und dann zum Leutnant aufgestiegen. Er war ein hervorragender Anführer, hatte aber nur drei Klassen Kirchengemeindeschule absolviert. Zum Stab gehörte ferner der kämpferische, stürmische, von Energie strotzende, ebenfalls aus dem Mannschaftsstand hervorgegangene Fähnrich Terentij Tschernega. 1917 hatte er sich den Bolschewiki angeschlossen, diente ihnen zwei Jahre, sogar im TschON*, dann hatte er genug gesehen und ging auf die Seite der Bauern über. Schließlich der Artillerie-Unteroffizier Arssenij Blagodarjow. Er stammte aus jenem Kamenka, wo alles angefangen hatte, und war einer der Initiatoren gewesen. Alle drei erhielten später Kommandos über je ein Partisanenregiment, Tokmakow bekam sogar eine Brigade mit vier Regimentern. Doch keiner der drei taugte für Stabsarbeit. Und Antonows Adjutant hatte mit militärischen Dingen bisher überhaupt nichts zu tun gehabt, es war der Lehrer Starych aus Kalugino an der Trockenen Panda.

Nachdem Ektow sich bei Antonow gemeldet hatte, stellte sich heraus, daß einstweilen er der bestgeeignete »Stabschef« war: Ein gebildeter, einfallsreicher Mann, der Meßtischblätter lesen konnte. Antonow fragte ihn nach seinem Namen. Seltsam, Ektow war nicht auf der Hut, hatte schon angesetzt: »Ek...«, als es ihn durchzuckte: Man darf nie seinen Namen preisgeben! Und aus seiner Kehle preßte sich nur »A...ga« heraus.

Antonow hakte nach:

»Egow?«

Was denn? Kein schlechtes Pseudonym. Und er sagte nun deutlich:

»Ego.« Na schön.

Dabei blieb es, und Antonow forschte nicht weiter nach.

Bald kannten ihn alle als Ego oder auch als Pawel,

aber dann mit dem falschen Vatersnamen Timofejewitsch. Rasch erkannten sie seine Autorität als »Stabschef« an (er wunderte sich selbst darüber); übrigens hatte er kaum irgendwelche Operationen zu koordinieren, er hielt nur ihre gemeinsamen Angelegenheiten zusammen. Antonow, wie auch seine Partisanenführer, befahlen häufig spontan, ohne die übrigen zu informieren, eine Attacke, wenn sich unverhofft die Gelegenheit dazu bot.

Der Kreis Tambow eignete sich nicht besonders gut für einen Partisanenkrieg. Große Teile des Gouvernements waren wenig bewaldet, dafür gab es weite Ebenen, flache Hügel, allerdings auch viele tiefe Schluchten (»Hohlwege«). Sie boten der Reiterei Deckung vor der weiten Sicht in der Steppe, die ein Netz von Feldwegen mit ausgefahrenen Wagenspuren durchzog; oft sprengte die Reiterei auch querfeldein.

Und was für eine Reiterei! Das Zaumzeug bestand aus Stricken, statt des Sattels hatten die meisten Kissen untergelegt (und beim Ritt wirbelten Daunen unter dem Reiter hervor). Manche trugen Soldatenuniform, andere Bauernröcke (die Mütze zierte schräg ein rotes Bändchen, denn sie alle waren ja für die Revolution, waren rot, und sie redeten sich mit »Genosse« an, soweit sie nicht dörfliche Spitznamen benutzten). Weil die Rebellen immer wieder frische Pferde brauchten, wechselten sie sie ungehindert in den Dörfern aus (wenn das auch manche Bauern kränkte: Es sind *unsere* Leute, unsere, ja; aber das Pferd gehört doch *mir*...). Die Aufständischen sammelten Berdangewehre, doppelläufige Flinten, Stutzen (die ließen sich leichter verstecken, und ihre Treffsicherheit war auf kurze Distanz kaum geringer). Anfangs wurden fünf Patronen je Gewehr ausgegeben. Dann aber gelang es, den Beschaffungstrupps und den TschON-Leuten Munition abzunehmen und ganze Waffendepots zu erbeuten. In einer kühnen Operation eroberten Antonows Männer einmal einen vollständigen Munitionszug der Roten, luden die Beute eiligst auf Karren um und brachten sie in die Dörfer, möglichst weit weg von der Eisenbahn, denn dort durfte man sich keine Minute zuviel aufhalten.

Dennoch reichten weder Schußwaffen noch Säbel für die große Zahl der Aufständischen, und bei Alarm rannten viele immer noch mit Mistgabeln los. (Es gab verschiedene Warnsignale: Beim Auftauchen eines Bolschewistentrupps hielt man in dem betreffenden Dorf die Mühlenflügel an, oder es ritt vom anderen Dorfende sofort ein Bote los und benachrichtigte das Nachbardorf.)

Die Freude über erfolgreiche Attacken und Rückzüge ermutigte und erstaunte Ektow. Wie konnte das alles nur gelingen? Geradezu aus dem Nichts!

So lebten sie – wochenlang, monatelang. Tagsüber

gingen die Männer ihrer bäuerlichen Arbeit nach, doch abends und bei Alarm sprangen sie auf die Pferde, und los ging's zum Überfall. Die Gruppen jagten hintereinander her durch Mulden und Klüfte, die einen wie die anderen. Erlitten die Rebellen eine Niederlage, zogen sie sich blitzschnell zurück und versteckten ihre Waffen, natürlich nicht zu Hause auf ihren Höfen, sondern in tiefen Schluchten.

... Nach einem Gefecht liegt ein Erschlagener mit dem Kopf in einem Bach. Das Pferd steht traurig neben seinem toten Herrn, stundenlang... und durch das Gras trippelt eine Bachstelze...

Die beste Deckung fand Antonows Reiterei in der Niederung an der Worona. Dort sind die Wiesen in weitem Ring von Eichen, Erlen, Ulmen und Weiden umgeben, wie extra hingestellt. Die erschöpften Reiter lassen sich ins Gras fallen, in struppiges Rispengras und Sauerampfer, die Pferde zupfen daran und trotten langsam herum. Zu diesen Wiesen führen verwilderte Pfade, dann kommt undurchdringliches Ufergestrüpp, niedrige, dicht ineinander verflochtene Waldsträucher, hohes Gras, in dem zwei Arschin lange Kreuzottern mit dem schwarzen Zickzackband auf dem Rücken leben. (Eine der unwegsamsten Stellen heißt daher auch Schlangensumpf.)

Im September brach der Aufstand auch in Pachotnyj Ugol aus, weit nördlich von Tambow, nach Morschansk zu. Dort hatten Kommunisten im vergangenen Jahr eine »Musterkommune« zusammengezimmert, inzwischen waren diese Kommunisten zur Vernunft gekommen und bildeten eine gesonderte, aber starke Gruppe Aufständischer.

Die Partisanen hatten mittlerweile soviel Zulauf bekommen, daß sie, kühn geworden, Anfang Oktober von Süden her Kamenka angriffen, um das Dorf von der dort stationierten Roten Garnison zu befreien. Die Rotarmisten antworteten mit Artilleriebeschuß und setzten bei ihrem Gegenangriff außer Kavallerie auch Infanterie ein. Zum ersten und einzigen Mal hoben die Aufständischen eilig Schützengräben aus, das Schanzen hatten sie ja im deutschen Krieg gelernt. Doch sie hatten sich verrechnet: Einer regulären zweitägigen Schlacht waren sie nicht gewachsen. Sie verließen die Gräben, zogen sich in das an Pferden reiche Tugolukowo zurück, und in Tugolukowo schwangen sich viele Bauern in den Sattel, nahmen noch ein Handpferd mit und schlossen sich den Partisanen an.

Das Aufstandsgebiet lag im Dreieck der Bahnlinien Tambow – Balaschow – Rtitschewo. Das war gefährlich. Auf den großen Bahnhöfen waren ständige Garnisonen stationiert. Diese Bahnlinien mußten unbedingt zerstört werden. Einige Male gelang es den Antonowern auch, die Strecken stellenweise zu unterbrechen, indem sie mit Hilfe ihrer Pferde die Gleise verbogen.

Die Eisenbahner, vor allem die Telefonisten und Telegraphisten, sympathisierten größtenteils mit den Rebellen. Manche verzögerten die Weitergabe von Befehlen der Roten, andere verloren sie, verstümmelten sie oder übermittelten sie den Partisanen, daher konnten die Bolschewiki ihre Leitungen nicht zuverlässig nutzen. Die Eisenbahner vom Knotenpunkt Rtitschewo wählten sogar eine Delegation zur Unterstützung der Aufständischen. Doch den Tschekisten gelang es, die Delegierten zu verhaften. Und über ganz Rtitschewo wurde der Ausnahmezustand verhängt.

Die Zahl der Aufständischen wuchs und wuchs. Eins nach dem anderen wurden Partisanenregimenter zu je 1500 bis 2000 Mann gebildet. Schon gab es ein Dutzend Regimenter. Schon hatten sie ihre eigenen Fahnen und Maschinengewehre Maxim und Louis. Ehemalige Gefreite und Unteroffiziere aus dem deutschen Krieg, aber auch einfache Bauern, wurden Kommandeure. Und sie kommandierten verständig.

Im November marschierte Antonow mit seinen Hauptstreitkräften gegen Tambow und rief damit eine gewaltige Aufregung bei der Tambower Obrigkeit hervor. (Sie ließ jahrhundertealte Eichen zur Verbarrikadierung der Zufahrtsstraßen fällen, postierte Maschinengewehre an den städtischen Glokkentürmen.) Ektow konnte es nicht glauben: Würde er wirklich, wenn auch nur für eine kurze Stunde, dort sein und seine Familie herausholen können?... (Er würde sie nach Serdobsk zu Polinas Cousine bringen, bei ihr könnte sie sich mit der Kleinen verstecken.)

Es kam anders. Zwanzig Werst vor Tambow, bei Podosklej-Roshdestwenskij, mußten die Insurgenten sich nach schwerem Kampf zurückziehen.

Vendée? Da gab es einen deutlichen Unterschied: Unsere rechtgläubige Geistlichkeit ist nicht von dieser Welt. Sie verband sich nicht mit den Aufständischen, wie die kämpferischen katholischen Priester es in Frankreich getan hatten. Sie saß ängstlich in ihren Kirchspielen, in ihren Pfarrhäusern, obwohl alle wußten: Wenn die Roten kommen, kann es auch uns an den Kragen gehen. (So wie in Kamenka Vater Michail Moltschanow für nichts und wieder nichts auf den Treppenstufen seines Hauses erschossen worden war.)

Vendée? Manchmal ging es nicht ohne Zwang: Kam ein Rotarmist auf Urlaub in sein Heimatdorf, nahmen die Dörfler ihm seine Papiere ab und vernichteten sie. Was sollte er ohne Papiere anfangen? Es blieb ihm keine Wahl, er mußte zu den Partisanen gehen. Und aus der Partisaneneinheit gab es kein Entkommen, auch nicht wenn er es vorgehabt hätte, die eigenen Leute hätten ihn und seine Familie nicht im Dorf leben lassen. Oder: Man hatte bemerkt, daß irgendeine Frau mit einem Roten über Truppenbewegungen bei den Aufständischen schwatzte. Diesem Weib versohlte man den nackten Hintern vor allen Leuten, auf dem Kirchplatz.

Die friedlichen Tambower Bauern waren von allen Seiten bedroht: Was einer auch tat, später würden sich entweder die Roten oder die Partisanen an ihm rächen. Man hatte auch Angst davor, sich bei Nachbarn zu verplappern. Wenn in dem allgemeinen Gewoge sich ein Mistgabelritter auch nur zehn Werst von seinem Dorf entfernt hatte und von den Roten angehalten wurde, ließen sie ihn zwar wieder laufen, doch er blieb für immer vor der Obrigkeit schuldig.

Es klopft an der Haustür: »Wer ist da?« »Eigene Leute.« Um niemandem auf den Leim zu gehen, sagt man für alle Fälle: »Ihr Teufel seid alle eigene Leute, aber leben laßt ihr einen nicht.«

Die Roten verhörten eine Frau, fragten, wo ihr Sohn sei. Sie gab zur Antwort: »Ich habe doch überhaupt keinen Sohn.« Und als dieser Junge später gefangen wurde und sagte, er sei der Sohn von der und der, wurde er erschossen, denn er hatte ja »gelogen«.

In diese Bauernsituation fühlte Pawel Wassiljewitsch sich des öfteren versetzt: die ewige Freude des Menschen und seine ewige Verwundbarkeit – die Familie! Man muß schon anstelle des Herzens ein eisernes Hufeisen in der Brust haben, um nicht davor zu zittern, daß die Angehörigen von diesen Teufelskrallen zerfetzt werden.

Auch so etwas kam vor: In einem Dorf hatten die Bauern einen Beschaffungstrupp zusammengedroschen. Zwei Männer – ein Chinese und ein Finne – versteckten sich bei einem alten Mann hinten im Hof. Der Chinese wurde entdeckt und erschossen, der Finne aber tat dem Alten leid, er verbarg ihn im Stroh – das hätte den Alten den Kopf kosten können – und ließ ihn in der Nacht weglaufen, und der petzte in seiner Garnison in Tschokino. (Für die nächste Expedition?)

Vendée? Die Sozialrevolutionäre im Gouvernement Tambow hatten geschwankt: Darf man denn einen Aufstand gegen die Revolution unterstützen? Ihn anzuführen, hatten sie ohnehin verpaßt, es wäre ihnen keiner mehr gefolgt. Anderseits jetzt, nach dem Ende des Bürgerkriegs, muß man den Druck des Volkes gegen die Kommunisten nutzen. Die Sozialrevolutionäre arrangierten sich daher mit den entstandenen »Sowjets der werktätigen Bauernschaft«, verfaßten Flugblätter und schrieben den ganzen Aufstand der Sozialrevolutionären Partei zu.

Die Aufständischen hatten inzwischen ihre eigenen Losungen: »Nieder mit den Sowjets!« (Keineswegs eine sozialrevolutionäre Losung, die Sozialrevolutionäre waren für Sowjets.) »Wir verweigern

Getreideablieferungen!« »Hoch, die Deserteure aus der Roten Armee!«

Ektow wurde eine im Exekutivkomitee gestohlene Schreibmaschine gebracht, nun verfaßte auch er eifrig Proklamationen:

»Einberufene Rotarmisten! Wir sind keine Banditen! Wir sind genau solche Bauern wie ihr. Aber man hat uns gezwungen, unsere friedliche Arbeit liegen zu lassen und gegen die eigenen Brüder zu kämpfen. Leben denn eure Familien etwa nicht unter denselben Bedingungen wie unsere? Alles haben die Sowjets vernichtet, auf Schritt und Tritt rauben die bestialischen Kommunisten das letzte Korn und erschießen Menschen ohne jeden Grund. Sie zerschlagen unsere Köpfe wie Blumentöpfe und brechen uns die Knochen. Auf diese Weise versprechen sie, eine neue Welt aufzubauen? Werft das Kommunistenjoch ab und geht nach Hause mit der Waffe in der Hand! Es lebe die Verfassunggebende Versammlung! Es leben die Sowjets der werktätigen Bauernschaft!«

Die Aufständischen, soweit sie geschickt genug waren, schrieben auch selbst mit Tintenstift auf irgendwelche Zettel:

»Wir haben genug von den Frechheiten der Kommunisten, diesen Parasiten am werktätigen Volk!« »Wir rufen euch zu: ›Macht Schluß mit der Macht der Beleidiger und Räuber!‹« Und an die Unschlüssigen gewandt: »Mushiki! Euch stiehlt man euer Korn und euer Vieh, und ihr schlaft immer noch?!«

Die Kommunisten antworteten mit einer großen Auflage gedruckter Flugblätter in ihrer üblichen klassenkämpferischen Faselei und mit Karikaturen. Eine zeigte Antonow in blutiger Mütze und mit bluttriefendem Messer, auf der Brust trug er als Orden Bilder von Kerenskij und Wrangell, Unterschrift: »Wir, Antonow I., Brandstifter und Zerstörer von Tambow, Selbstherrscher aller Diebe und Banditen ...«

Derartiges schusterte Eidman zusammen, der Agitprop-Chef des Gouvernementexekutivkomitees. Nie war er bisher in Tambow gesehen worden, nie hatte man früher irgend etwas von ihm gehört. Auch die drohenden amtlichen Befehle waren immer öfter von wildfremden Leuten unterschrieben, die sich Gouvernementkomitee-Sekretäre nannten, etwa Pinsson, Rajwid, Meschtscherjakow, Meier; als Vorsitzender des Gouvernementexekutivkomitees unterzeichnete bald ein Sagusow, bald ein Schlichter, als Gouvernementvorsitzender der Tscheka ein Traskowitsch, als Chef der Politabteilung ein Galuso. Keinen von ihnen hatte Tambow bisher gekannt, sie alle waren Fremde. Im Stab dieser Gouvernementbehörden tauchten auch noch andere Namen auf, die zwar die drohenden Befehle nicht unterschrieben, ihren Inhalt aber gemeinsam mit den Unterzeichnern ausgekocht hatten, sie hießen Smolenskij, Sarin, Nemzow, Lopato, sogar Frauen waren dabei: Kollegajewa, Schestakowa... Auch von diesen Leuten hatte Ektow früher nie gehört. Nur einer war wirklich ein Hiesiger: der stadtbekannte, wüste Bolschewik Wassiljew. Das ganze siebzehner Jahr hatte er herumgetobt und selbst noch die manierlichsten Versammlungen im Naryschkin-Lesesaal durch Pfeifen und Trampeln gestört. Alle anderen kannte Ektow nicht. Was für eine Bande war das? Dieses Pack entstammte gewiß nicht jener oppositionellen Intelligenzija, zu der er selbst gehörte. Hätte er denen vor ein paar Jahren, vor der Revolution, bei einer Begegnung überhaupt die Hand gereicht?...

Aber – Propaganda hin, Propaganda her – die Bolschewiki zogen Streitkräfte zusammen. Das hatten Antonows Aufklärer festgestellt: Aus Moskau war das Regiment zur Besonderen Verfügung der Tscheka angekommen, dazu eine Tscheka-Schwadron aus Tula, zweihundertfünfzig Säbel aus Kasan, eine Hundertschaft aus Saratow. Außerdem eine »kommunistische Einheit« aus Koslow, zwei weitere waren in Tambow mobilisiert worden. Dann wurde auch noch die »motorisierte Einheit Swerdlow« und ein selbständiges Eisenbahnerbataillon gemeldet. (Die höchst gefährliche Aufklärung besorgten mal eine treue Frau mit einem Milchkrug, mal ein zuverlässiger Mushik, der mit einer Fuhre Holz zur

Stadt unterwegs war. Mit so einer Frau schickte Pawel Wassiljewitsch einmal eine mündliche Nachricht über sein Ergehen an Polina und erfuhr von ihr, sie und das Töchterchen seien gesund, von der Tscheka nicht entdeckt, lebten dürftig, hofften aber...)

Nachdem die Roten Führer sich von der Angst um die Sicherheit Tambows erholt hatten, begannen sie, ihre vermehrten Streitkräfte auf alle drei rebellierenden Kreise, vor allem auf den Kreis Tambow, zu verteilen, sie systematisch zu okkupieren. (In einem großen, zehntausend Seelen zählenden Dorf wurden achtzig Geiseln genommen; man teilte den Einwohnern mit, wenn sie nicht bis zum nächsten Mittag sämtliche Feuerwaffen ablieferten, würden alle achtzig erschossen. Die Drohung war so ungeheuerlich, daß die Leute sie nicht glaubten und niemand irgend etwas abgab. Am anderen Tag in der Mittagsstunde wurden alle achtzig Geiseln vor den Augen des ganzen Dorfes erschossen.)

Es tauchten auch bolschewistische Flugzeuge auf (prahlerisch rot angestrichen), Beobachtungsflugzeuge, die manchmal Bomben abwarfen und die Dörfler gewaltig erschreckten.

Als im Herbst die Verfolgung hartnäckiger wurde, wich Antonow ihr aus, indem er seine Hauptstreitmacht vorübergehend bald ins Gouvernement Saratow, bald ins Gouvernement Pensa verlegte. (Die Saratower Bauern rächten sich für die weggenommenen oder ausgetauschten Pferde; sie fingen ihrerseits Tambower Aufständische ein und übten Lynchjustiz an ihnen. Schicksal bäuerlicher Revolten...)

An diesen Streifzügen nahm auch Ego mit dem Hauptstab teil, er hatte sich daran gewöhnt: zu Pferde herumvagabundieren, kein Dach über dem Kopf, Kälte, Alarm, Flucht vor Verfolgung der Roten. War er ein Krieger geworden? Nein, das war er nicht. Das Partisanenleben fiel ihm schwer, für ein solches Dasein war er nicht gerüstet. Aber es galt auszuhalten. Er teilte ja den Bauernschmerz, war hier am richtigen Platz, das sättigte seine Seele. (Wäre er nicht mit ihnen gegangen, hätte er sich in seine Höhle in Tambow verkrochen, müßte er sich verachten.)

Und das rebellierende Land beruhigte sich nicht. Wohl wurde es im Spätherbst und auf den Winter zu für die Partisanen immer schwieriger, sich zu verstecken, ein Nachtlager zu finden, trotzdem vermehrten sich ihre Regimenter. Der bäuerliche Widerstand erhielt immer wieder neuen Auftrieb, wenn die Beschaffer Lebensmittel requirierten, wenn sie dreist Bauernhabe raubten und sie vor den Augen der Bauern unter sich verteilten, wenn sie alte Leute verprügelten, ganze Dörfer niederbrannten – wie Afanasjewka und Babino – noch dazu im Winter, und Greise und Kinder in den Schnee hinausjagten. (Allerdings, auch die Aufständischen mußten sich ernähren. Anfänglich holten sie sich das Nötige bei den Familien der Sowjetaktivisten, dann bei Rotarmistenfamilien. Als auch das nicht mehr ausreichte, reihum bei den Bauern. Manche gaben verständnisvoll, andere zähneknirschend.)

Um die Wintermitte hatten sich zwei Partisanenarmeen formiert, jede mit einem Dutzend Regimentern. Die 1. Armee befehligte Tokmakow, die 2. Armee Antonow selbst. In den Armeestäben hatten sich mittlerweile auch richtige Militärs eingefunden, die für Ordnung sorgten, angefangen mit der Uniform: Die gewöhnlichen Soldaten bekamen rote Litzen auf den linken Ärmel oberhalb des Ellbogens. Die Kommandeure hatten zusätzlich ein Bändchen am Ärmel im Dreieck aufgenäht, entweder mit der Spitze nach oben oder nach unten, die Brigadekommandeure erhielten Rhomben. Die Kommandeurskader wurden auf Regimentsversammlungen gewählt (übrigens auch die Politkommissare und das Regimentsgericht).

Allerlei Befehle wurden ausgegeben. So zum Beispiel das strikte Verbot, in den Dörfern Kleidung, Sachen und Nahrungsmittel zu beschlagnahmen. Außerdem sollte der allzu häufige Pferdewechsel bei den Bauern eingeschränkt werden, er wurde von der Genehmigung des Feldschers abhängig gemacht, und den Aufständischen wurde befohlen, selber besser für ihre Pferde zu sorgen. Wie bei einem regulären Heer erhielten die Partisanen der Reihe nach Urlaub, und ihre Miliz in den Dörfern prüfte die Bescheinigung, mit der ein Partisan auf Urlaub kam.

Der Winter heizte die beiderseitige Erbitterung noch mächtig an. Die Roten erschossen sowohl Überführte wie Verdächtige, erschossen sie ohne Untersuchung und Gerichtsverfahren. Als Exekutoren taten sich Leute hervor, die so sehr an Blut gewöhnt waren, daß sie lediglich lässig den Arm hoben, als scheuchten sie eine Fliege fort, und schon schoß der Revolver ganz von selbst. Die Partisanen erschlugen, um Patronen zu sparen, in der Regel die Aufgegriffenen einfach mit einem Hieb auf den Kopf. Kommissare hängten sie auf.

Der Rachedurst auf beiden Seiten war so wild, daß man gelegentlich einem Aufgegriffenen erst noch die Augen ausstach, ehe man ihn umbrachte.

In den ausgeraubten Dörfern zogen die Bengels mit Handschlitten los, um Pferdekadaver heimzubringen. Auch die Wölfe waren in diesem für sie ertragreichen Winter dreist geworden, und die Hunde taten sich an den Leichen gütlich, die in der Steppe und in den Schluchten lagen, sie brauchten die oberflächlich Begrabenen nur aus dem Boden zu scharren.

Die Tschekisten Ramoschat, Rakutz und Scharow bereisten die besetzten Dörfer, hielten öffentliche erweiterte Gerichtsverhandlungen ab und warfen mit

Todesurteilen nur so um sich. Verdächtige, doch keineswegs überführte Bauern ließen sie in »Konzentrationslager« schaffen. Im Januar 1921 erfuhr Antonows Stab von einem Geheimschreiben: Die zentrale Lagerverwaltung der Republik stellte dem Gouvernement Tambow zusätzlich fünftausend Plätze für seine Arrestanten zur Verfügung. Mit den Frauen und Mädchen in den näher gelegenen Konzentrationslagern machten die Wachen, was sie wollten, auch Vergewaltigungen kamen vor. Gerüchte über Gerüchte schwirrten durch das Land.

Die Dörfer verarmten. Selbst in dem einstmals wohlhabenden Kamenka gab es nur noch zwei Dutzend Pferde. Unter die durchlöcherten Schuhe nagelten die Leute sich hölzerne Sohlen. Und die Frauen gingen bei klirrendem Frost ohne Strümpfe. Jemand sagte:

»Früher, beim Zaren, da ist man auf den Markt gefahren, hat sich gekauft, wonach einem der Sinn stand, ob das nun Stiefel, Kattun oder Kringel waren.«

Nur Papier zum Zigarettendrehen fand sich genug in den Bücherschränken der Gutsherren und in den Roten Ecken der Kommunisten.

Im Gespräch mit einem uralten Mann auf dem Vorwerk Semjonowskij klagte Ektow darüber, wie alles verkam. Als ginge jetzt alles Leben ganz und gar zu Ende. Und was bleibt uns dann noch?

»Etwas bleibt«, sagte der silberhaarige Alte. »Unter der Sense bleibt das Gras am Leben.«

Irgendwelche Bauern gelangten bis in den Kreml! Mitte Februar hieß es, im Gouvernement Tambow solle die Lebensmittelrequirierung eingestellt werden.

Niemand glaubte es.

Die Zeitungen schrieben, Lenin habe die »Delegation der Tambower Bauern empfangen«. (Wirklich? Später erfuhr Antonows Stab, daß ein paar verschreckte Mushiki, die bei der Tambower Tscheka in Haft gesessen hatten, in den Moskauer Kreml eingeliefert worden waren.)

Kein Zweifel, die Bolschewiki setzten alles daran, den Aufstand bis zum Frühjahr zu beenden; die Bauern sollten ja ihre Felder bestellen (damit man ihnen im Herbst ihr Korn wegholen konnte).

Die Hitzigkeit der Gefechte ließ nicht nach. Im März griffen zwei Antonowregimenter das unmittelbar bei Tambow gelegene befestigte Fabrikdorf Rasskasowo an, verwüsteten die Garnison und nahmen ein sowjetisches Bataillon gefangen. Die Hälfte lief mit Vergnügen zu den Partisanen über.

Pawel Wassiljewitsch hatte im Herbst nicht geglaubt, nicht einmal zu hoffen gewagt, aus dem Schlamassel heil herauszukommen, den Winter zu überstehen. Doch siehe da, er hatte ihn überstanden, hatte den März erlebt. Die Antonower schätzten ihn sogar als Krieger so hoch, daß sie ihn zum Stellvertretenden Kommandeur des Regiments zur Besonderen Verfügung beim Stab der 1. Armee wählten.

Er konnte im März auch noch zwei Befehle der bestialischen Bestrafer verlesen:

»Die Bewohner eines jeden Dorfes unterliegen der solidarischen Haftung. Wenn ein Dorfbewohner den Banditen in irgendeiner Weise hilft, haben es alle Bewohner dieses Dorfes zu verantworten.«

Und: »Banditen sind wie Raubtiere zu fangen und zu vernichten.« Und das überzeugendste Argument: »Die gesamte gesunde männliche Bevölkerung zwischen 17 und 50 Jahren ist festzunehmen und ins Konzentrationslager einzuliefern!« Und direkt an die Adresse der Rebellen: »Denkt daran, die *Listen* mit euren Namen sind zum größten Teil in der Hand der Tscheka. Kommt freiwillig, liefert die Waffen ab, dann wird euch verziehen!«

Doch weder von der glühenden Feuerwalze noch mit Überredungskünsten waren die durch verschneite Wälder, vereiste Schluchten und Waldstücke gehetzten Partisanen kleinzukriegen: Nun kommt ja auch bald der Frühling, da können sie uns erst recht nicht schnappen!

Und da, im März, nachdem Ektow den Winter überstanden hatte, erkältete er sich und wurde so krank, daß er das Regiment verlassen und sich in einem Dorf zu Bett legen mußte.

In der zweiten Nacht denunzierte ihn eine Nachbarin bei der Tscheka.

Damit war er geliefert.

Doch sie erschossen ihn nicht auf der Stelle, obwohl seine Position in Tokmakows Stab bekannt war.

Er wurde nach Tambow gebracht.

Die Stadt glich einem Heerlager. Viele Häuser waren mit Brettern vernagelt, auf den Trottoirs häufte sich schmutziger Schnee. (Sein in einer Seitenstraße gelegenes eigenes kleines Haus sah Ektow nicht.)

Dann ging es von Tambow in einem vergitterten Waggon nach Moskau.

Allerdings nicht zum Besuch bei Lenin.

2 Er saß im Souterrain der Lubjanka, dem Tscheka-Gefängnis, in einer Einzelzelle, die ein kleines quadratisches Fenster in Höhe des Gefängnishofes hatte.

Von vornherein sah er die schwerste Prüfung darin, seinen Namen zu verschweigen; diese Prüfung drohte jedem zweiten Tambower Bauern, er hatte die Wahl: Nennst du deinen Namen, bringen sie dich um, nennst du ihn nicht, bringen sie dich auch um, nur auf andere Art.

Ektow hatte sich eine Biographie ausgedacht: Kooperator, ja, aber aus Transbaikalien, aus jenen Orten, die er kannte. Möglicherweise ließ sich das in jetziger Zeit nur schwer überprüfen.

Zum Verhör wurde er ins zweite Stockwerk hinaufgeführt, stets in dasselbe Zimmer mit den beiden großen, hohen Fenstern, den alten, teuren Möbeln einer Versicherungsgesellschaft und einem schäbigen Papierporträt Lenins, das in prunkvollem Rahmen an der Wand über dem Kopf des Untersuchungsrichters prangte. Drei Untersuchungsrichter wechselten einander ab.

Der eine, Maragajew, sah aus wie ein Kaukasier. Er verhörte nur nachts, raubte einem den Schlaf. Seine Verhöre waren ziemlich stupide, dafür brüllte und fluchte er herum, schlug Ektow ins Gesicht und anderswohin. Die Folge: blaue Flecken am ganzen Körper.

Der zweite hieß Obojanskij. Seine Zartgliedrigkeit verriet den Aristokraten. Er versuchte beim Verhör nicht, dem Häftling Hoffnungslosigkeit einzuflößen, gab sich vielmehr teilnahmsvoll, als wollte er ihn auf *ihre* Seite ziehen. *Sie* werden ohnehin siegen, wie sie ja auch sonst überall gesiegt hatten. Das Gouvernement Tambow ist das letzte. Gegen *sie* kann sich niemand behaupten, weder in Rußland noch in der ganzen Welt. Das ist eine Kraft, der die Menschheit noch nie begegnet ist; und es ist vernünftiger, sich *ihnen* rechtzeitig zu ergeben, ehe sie strafen. Vielleicht mildert sich dann das Geschick des Betreffenden.

Der dritte Untersuchungsrichter, der rundbäkkige, schwarzhaarige, fröhlich-lebhafte Libin, rührte den Häftling nie auch nur mit einem Finger an, er brüllte auch nicht, sprach stets mit munterer, sieggewohnter Überzeugung, offensichtlich keiner gespielten. Er legte es darauf an, im Häftling dessen demokratisches Gewissen zu wecken: Wie konnte er nur das leuchtende Ideal der Intelligenzija verraten? Wie konnte ein Demokrat sich dem unerbittlichen Gang der Geschichte entgegenstellen, auch wenn dieser Gang durch Grausamkeiten erschwert ist?

Von Grausamkeiten hätte Ektow ihm mehr berichten können, als jener sich vorstellen konnte. Und wenn er es doch konnte, wagte er es nicht. In dieser Richtung verteidigte Ektow sich nicht, er beharrte nur auf einem Punkt: Er ist Demokrat, Volkstümler, ihn schmerzt die herzzerreißende Bauernnot; das hat mit Weißgardistentum nicht das geringste zu tun. (Und das war die Wahrheit.)

Libin, als vertrete er die gleiche *Befreiungslinie*, hielt ihm entgegen:

»In die künftigen Schullesebücher wird das Heldentum der Roten Truppen und der Kommunisten, die diese Kulakenmeuterei niedergeworfen haben, nicht als bloße Episode eingehen. Das Moment des Kampfes gegen das Kulakentum wird einen Ehrenplatz in der sowjetischen Geschichte einnehmen.«

Zu streiten war hoffnungslos. Wozu auch? Die Hauptsache: Kriegten sie heraus, *wer* er war? Gut, daß sie ihn nach Moskau gebracht hatten, in Tambow könnte er leichter von Zeugen identifiziert werden. Dennoch nagte ein ungutes Gefühl in ihm: Er war photographiert worden von vorne und im Profil. Sie könnten die Aufnahme vervielfältigen und nach Tambow, Kirssanow und Borissoglebsk schikken. Allerdings hatte Ektow sich in diesem halben Jahr Kriegsleben stark verändert. Sein Gesicht war gröber, härter geworden, wettergegerbt. Wenn er sich in irgendeiner Hütte einmal im Spiegel betrachtet hatte, war er sich selbst ganz fremd vorgekommen; übrigens waren diese Spiegel ziemlich trübe.

Bisher hatten sie nicht herausgefunden, wer er war, die Familie war also noch in Sicherheit. Ihn selbst sollten sie ruhig erschießen. Im Laufe dieser gnadenlosen Kriegsmonate hatte Pawel Wassiljewitsch sich längst an den Gedanken seines Todes gewöhnt, war dem Tod aber stets um Haaresbreite entgangen.

Sie hätten ihn doch einfach bei der Festnahme erschießen können. Er begriff einfach nicht, warum ihnen soviel daran lag, ihn zu identifizieren, warum sie ihn überhaupt nach Moskau gebracht hatten, warum sie soviel Zeit darauf vergeudeten, ihn »umzuerziehen«.

Die Wochen flossen dahin – hungrige Wochen, eine jämmerliche Suppe, ein kleiner Kanten Brot. Wäsche zum Wechseln hatte er nicht, es juckte ihn am ganzen Körper, er wusch seine Wäsche, so gut es eben ging, wenn er – selten genug – zum Baden geführt wurde.

Eines Tages wurde er aus der Einzelzelle verlegt und erhielt einen Zellengenossen, nach einiger Zeit wurde der durch einen anderen ersetzt. In so enger Nachbarschaft kann man Fragen nicht ausweichen: Und wer sind Sie? Wie sind Sie in den Aufstand geraten? Was haben Sie bei den Aufständischen gemacht? Ehrlich beantworten darf man die Fragen nicht, gar nichts erwidern geht auch nicht. Beide Mithäftlinge waren zwielichtige Typen, das Herz, dieser Prophet, erkennt das. Also log Ektow irgend etwas zusammen.

Der April verstrich – sie hatten ihn nicht entlarvt.

Aber sie hatten ihn noch einmal photographiert.

Er fühlte sich wie von einer Zange umklammert.

Wieder Einzelzelle im Souterrain.

Der Mai verstrich.

Die Tage dehnten sich, aber noch peinigender waren die Nächte. In der Nacht, wenn er flach liegt, erschlafft der Mensch und damit seine lebenswichtige Widerstandskraft. Noch ein kleines Weilchen – und die Kräfte lassen sich nicht mehr zusammenraffen.

Und Obojanskij nickte mit gequältem Lächeln:

»Niemand kann standhalten. Ein mächtiger, einzigartiger Stamm ist erwacht und zu uns gekommen. Begreifen Sie das doch endlich.«

Und Libin erzählte munter von den militärischen Erfolgen der Roten, berichtete, wie viele Truppen ins Gouvernement Tambow verlegt worden seien, hier, im Gefängnis, brauchte man nicht einmal geheimzuhalten, welche. Auch Kursanten aus verschiedenen Militärschulen wurden zur Verstärkung der Besatzungen in den Tambower Dörfern stationiert.

Ja, die Antonower sind geschlagen. Geschlagen! Jetzt geben wir den paar vereinzelten Häufchen den Rest. Scharenweise kommen sie in die Roten Stäbe, liefern ihre Gewehre ab. Und viele helfen mit, Banditen aufzuspüren und zu entwaffnen. Ein Banditenregiment ist vollständig zu den Roten übergegangen.

»Welches?« entfuhr es Ektow.

Libin antwortete bereitwillig und genau:

»Das 14. Archangelsche und die 5. Tokajer Brigade.«

Sie wußten gut Bescheid.

Ektow hätte sich gerne vergewissert. War das zu machen?

Zur Bestätigung erhielt er Tambower Zeitungen.

Ihnen war zu entnehmen, daß die Bolschewiki tatsächlich siegten.

Und wie könnte es auch anders sein? Schon als er sich dem Aufstand anschloß, war er sich über die Aussichtslosigkeit im klaren gewesen.

Befehl Nummer 130: Die Familien der Aufständischen sind zu verhaften (das Wort Familien ausdrucksvoll betont), ihre Vermögen zu beschlagnahmen. Sie sind in Konzentrationslager zu verbringen und später in entfernte Örtlichkeiten zu deportieren.

Und hier noch der Befehl Nummer 171. Er befaßt sich ebenfalls mit der Bestrafung der Familien.

Und die Bolschewiki werden nicht fackeln, das wußte Ektow bereits.

Libin versicherte: Diese Befehle haben reiche Früchte getragen. Damit sie nicht selber leiden müssen, gehen die Bauern hin und sagen, wer sich wo versteckt hält.

Gut möglich. Die Bolschewiki haben einen mächtigen Hebel angesetzt: Sie nehmen die Familien als Geiseln.

Wer hält da stand? Wer liebt seine Kinder nicht mehr als sich selbst?

»Außerdem«, so beteuerte Libin, »hat die *vollständige Säuberung* der Dörfer begonnen; wir werden alle einzeln vornehmen, niemand kann sich verstecken.«

Manche Bauern kannten Ektow aus den Friedensjahren als Pawel Wassiljewitsch, sie könnten ihn verraten.

Unterdessen saß er den dritten Monat, log und reimte Unsinn zusammen. Ob sie ihn wohl enttarnen konnten?...

Eines Tages setzte Libin fröhlich, sogar wohlwollend schmunzelnd, den unverbesserlichen Demokraten und Volksfreund unter verstärktes Licht und seine kraftvollen, sinnlichen Lippen verziehend sagte er:

»Also, Pawel Wassiljewitsch, das letzte Mal haben wir nicht zu Ende gesprochen...«

Und... alles stürzte ein.

Brach zusammen.

Noch im Hinabtaumeln krallte Ektow sich an ein letztes Fetzchen Hoffnung: Das bedeutet noch nicht – die Familie. Vielleicht hatte sich Polina mit der Kleinen in Sicherheit gebracht, hatte den Wohnort gewechselt? War irgendwo anders hingezogen?...

Libin genoß mit funkelnden schwarzen Augen die Verstörtheit des Häftlings, sein hilfloses Nichtabstreiten und zog ihm die Schlinge um den Hals fester zu.

»Polina Michajlowna ist mit Ihrer Hartnäckigkeit gar nicht einverstanden. Sie kennt jetzt die Fakten und wundert sich sehr, daß Sie mit den Banditen noch immer nicht gebrochen haben.«

Minutenlang saß Pawel Wassiljewitsch wie betäubt auf seinem Hocker. Seine Gedanken tanzten herum, dann hörten sie auf zu kreisen und erstarrten.

Libin ließ ihn nicht aus den Augen. Schwieg aber und drängte ihn nicht.

So konnte Polina weder denken noch sprechen.

Aber vielleicht war sie zu Tode erschöpft gewesen?

Aber vielleicht war dies ein Anlaß: »Erlauben Sie mir eine Begegnung mit ihr! Erlauben Sie mir, selber mit ihr zu sprechen!«

Libin: »Aber nein doch! Das müssen Sie sich noch verdienen. Zuerst kommt Ihre Reue.«

So ging es zwei oder drei Tage. Ektow verlangte die Begegnung, Libin die vollständige Reue.

Ektow konnte nicht verraten, was er mit eigenen Augen gesehen hatte und so genau kannte. Und heucheln konnte er auch nicht.

Auch Libin wich um kein Haar zurück. (Damit bewies er, daß Polina eben nicht *so* dachte! Ganz gewiß nicht!)

Um Atem zu schöpfen, unterbrach Libin das Duell: Teufel noch mal, dann bereuen Sie eben nicht! Der Satan soll Sie holen mit Ihrem hirnlosen Volkstümlertum! Wenn Sie nicht mit uns zusammenarbeiten wollen, dann überlassen wir Ihre Polina den Magyaren und den TschON-Leuten, und das vor Ihren eigenen Augen. Und das Mädelchen stecken wir in ein Waisenhaus. Und nach diesem Schauspiel Ihnen die Kugel ins Genick – das ist noch zu wenig, unser Fehler.

Eisiger Druck auf der Brust. Ist denen denn nichts unmöglich?

Derartiges ist ja schon vorgekommen.

So sind sie, in der Tat.

Polina!!

Einen Tag und noch einen zweiten durfte Ektow nachdenken.

Aber kann jemand *nachdenken* in der Folterkammer der Drohungen, aus der es kein Entrinnen gibt? Die Gedanken taumeln zusammenhanglos, wie schlaftrunken.

Polina und Marinka opfern, über sie hinweggehen – könnte er das denn?

Für wen sonst auf der Welt oder für was sonst auf der Welt ist er mehr verantwortlich als für diese beiden?

Sie sind doch die ganze Fülle seines Lebens.

Selbst sie preisgeben? *Wer* kann das?

Polina werden sie danach ohnehin erschießen.

Und auch Marinka werden sie nicht schonen. Diese Leute kennt er nun schon zur Genüge.

Und wenn er dadurch die Bauern rettet? Aber die Aufständischen haben doch schon verspielt. Es ist doch sowieso alles verloren.

Seine *Mitarbeit* – was hätte die jetzt noch zu bedeuten? Was kann sie auf der Waage des gesamten verlorenen Aufstands ändern?

Aber auch mit dem Opfer der Familie änderst du nichts.

Wie er dieses schamlos triumphierende dunkle Siegergesicht Libins mit dem sinnlichen Funkeln der Augen haßte!

Im Aufgeben lag eine gewisse Erleichterung. Wahrscheinlich ähnlich dem Gefühl, mit dem eine Frau aufhört sich zu wehren: Nun ja, Sie sind der Stärkere. Ich ergebe mich auf Gnade und Ungnade. Eine Art von erleichterndem Tod.

Und welchen Nutzen könnte er den Roten jetzt bringen?

Er gab auf, stellte aber die Bedingung: Wiedersehen mit Polina.

Libin nahm die Kapitulation selbstsicher entgegen. Aber ein Wiedersehen mit der Ehefrau gibt es erst, wenn Sie unseren Auftrag erfüllt haben. Dann – bitte schön, dann entlassen wir Sie ganz einfach zu Ihrer Familie.

Was blieb ihm übrig?

Wie unvorstellbar steinern muß ein Herz sein, um das Liebste auf der Welt vernichten zu können?

Und wofür?

Auch Obojanskijs melodische Zauberformeln waren nicht ohne Wirkung geblieben: In der Tat, es war ein mächtiger Stamm, neue Hunnen – aber zusammen mit sozialistischer Ideologie eine seltsame Mischung...

Vielleicht, dachte er, stimmt es ja, daß wir, die Intellektuellen alten Schlages, irgend etwas nicht begreifen. Die Wege der Zukunft eröffnen sich nicht so ohne weiteres dem menschlichen Auge.

Und dies war der Auftrag: Er sollte Wegführer für die Kavalleriebrigade des berühmten Bürgerkriegshelden Grigorij Kotowskij sein. (Die Brigade war gerade mit dem aufständischen Pachotnyj Ugol fertiggeworden, wo sie fünfhundert Rebellen erschlagen hatte.) Pawel Wassiljewitsch brauchte sich keine Identität auszudenken, er konnte der bekannte Ego aus Antonows Stab bleiben. (Antonow war inzwischen völlig geschlagen, seine Armee existierte nicht mehr. Er selbst war geflohen und hielt sich versteckt. Mit ihm werden wir uns nicht befassen.)

Und was soll Ektow tun?

Das wird man ihm unterwegs erklären.

(Wer weiß, irgendwie wird es vielleicht doch noch gut ausgehen?)

Von Tambow aus war es nicht weit nach Kobylinka, das am Rande eines der beliebtesten Partisanengebiete lag.

Alle waren beritten. (Tschekisten in Zivil, die sich ständig dicht neben Ektow hielten, und eine halbe Schwadron Rotarmisten.)

Ah, wieder in freier Luft, wieder unter freiem Himmel. Es war Anfang Juli. Die Linden dufteten. Einatmen, tief einatmen.

Viele unserer Dichter und Schriftsteller mahnen daran, wie herrlich die Welt ist und wie sehr die Menschen sie mit ihren unerschöpflichen Bosheiten herabwürdigen und vergiften. Wann wird das in der Welt aufhören? Wann werden die Menschen, nicht mehr eingeengt, nicht mehr verkrüppelt, ein vernünftiges, lichtes Leben führen können?... Traum so vieler Generationen.

Einige Werst vor Kobylinka trafen sie mit Kotowskij zusammen, einer großen und massigen Gestalt mit kahlgeschorenem Kopf und einer vollendeten Zuchthäuslervisage. Ihn begleitete eine nicht uniformierte Schwadron. Die Männer waren in Bauernkleidung, hatten aber Stiefel an, sie trugen Schaffellmützen oder Papachas. Viele, nicht alle, hatten rote Kosakenlampassen an ihre Hosennähte genäht. Selbsternannte Kosaken?

So war es. Sie redeten einander auch nicht mit *Genosse* an, sondern mit *Landsmann*.

Der Anführer der Tschekisten erklärte Ektow nun seine Aufgabe:

Heute nacht wird ein Treffen mit dem Vertreter einer Banditenbande von 450 bis 500 Mann stattfinden. Dem soll Ego bestätigen, daß »wir« Kosaken von der aufständischen Kuban-Don-Armee sind, die sich durch das Gouvernement Woronesh durchgeschlagen haben, um sich mit Antonow zu vereinigen.

Spätabends gaben sie Ego eine entladene Nagan, die er sich umhängen mußte, und ließen ihn das schlechteste und hinfälligste Pferd besteigen. (Vier verkleidete Tschekisten hielten sich neben ihm. Sie bezeichneten sich als seine neue Suite, da ja Antonows Hauptstreitmacht vernichtet war. Auch die Tschekisten trugen Nagans, aber voll geladen. »Wir schießen beim ersten Wort.«)

Kotowskij selbst kam mit seiner Schwadron auch zu dem Treffen, das im Haus eines Waldhüters an einer Waldwiese stattfand. Von der entgegengesetzten Seite erschien Mischka Matjuchin mit ein paar Dutzend Reitern. Er war der Bruder von Iwan Sergejewitsch Matjuchin, dem Kommandeur einer noch intakten Antonow-Einheit. (Bei den Tambowern hatten sich häufig mehrere Brüder aus einer Familie den Rebellen angeschlossen. So kämpfte bei Antonow auch Iwans von ihm unzertrennlicher jüngerer Bruder Mischka, der Dorfdichter. Auch diese Nacht hatten sie sich gemeinsam auf den Weg gemacht.

Die Reiter blieben auf der Wiese. Die Hauptunterhändler begaben sich in die Waldhüterhütte, in der auf dem Tisch nur zwei Kerzen brannten, so daß die Männer einander kaum unterscheiden konnten.

Mischka Matjuchin kannte Ego nicht persönlich, doch Iwan Matjuchin kannte ihn.

Er wird Ego identifizieren.

Ektow erkannte seine eigene Stimme nicht, als er den Mushiki die üble Lüge auftischte. Doch er hatte das wackelige Brückchen nun einmal betreten, jetzt konnte er nicht mehr anhalten. Und auf Kotowskij weisend:

»Dies ist der Chef der Einheit, Major Frolow.«

(Um nicht zu übertreiben, hatte Kotowskij sich keine entsprechenden Kosakenschulterstücke annähen lassen, die er leicht hätte bekommen können.)

Matjuchin verlangte, Ego solle mit ihm und seinen Leuten ein paar Werst weiter zu seinem älteren Bruder reiten, um sich zu legitimieren.

Die Tschekisten-Suite schwankte nicht, zögerte keinen Augenblick. Sie hatte Kampfpferde und reichlich Munition.

Sie ritten erst durch eine Waldschneise, dann querfeldein unter sternklarem Himmel. Bei dem leichten Trab und in der Dunkelheit bemerkte niemand, daß Ego neben seiner Suite auf einer Schindmähre ritt.

Im Sattel gerüttelt, beschloß Pawel Wassiljewitsch wieder und wieder tollkühn, sich jetzt gleich Matjuchin zu offenbaren. Für ihn wäre das der Tod, für die vier Tschekisten ebenfalls.

Matjuchins fünfhundert Männer aber wären gerettet – eine Elitetruppe!

So oft hatte er in Gedanken alles um und um gewälzt: im Kopf die Argumente, in der Brust das lebendige Leid. Nein, nicht seinetwegen litt er. Um Polina ging es, an ihr werden sie sich rächen, genauso wie sie es angedroht haben, wenn nicht auch noch am Töchterchen. Was es mit Tschekisten auf sich hat, war ihm längst klar; während der Monate in der Lubjanka und in den Tagen auf dem Ritt hierher hatte er sie noch gründlicher kennengelernt.

Muß er denn die eigenen Leute dem Untergang weihen? ... Er *selbst*, *eigenhändig*? ...

Antonows Kampf ist aber doch verloren. Blickt man weiter, legt man einen größeren Maßstab an, kann man sich vorstellen, daß es vielleicht für das ganze Gouvernement leichter wird, wenn es endlich zum Friedensschluß kommt. Die räuberische Zwangsablieferung ist ja schon abgeschafft, sie wird jetzt durch eine gerechte Produktsteuer ersetzt.

Also wäre ein rascher Friede das beste? Die Wunden werden sich allmählich schließen. Das braucht Zeit. Wird das Leben wieder irgendwie in Fluß kommen, auf völlig neue Art?

Aber wir alle sind so müde, so schrecklich müde.

Sie kamen an. Eine andere Hütte, helleres Licht.

Und Iwan Sergejewitsch Matjuchin, der gedrungene Recke mit dem auseinanderstrebenden weizenfarbenen Schnurrbart, der unermüdliche Kämpfer, schritt auf Ego zu, erkannte ihn und reichte ihm mit weitem Schwung die Hand.

Judas-Händedruck! Wer kann diese Qualen ermessen, der sie nicht selbst erlitten hat?...

Aber es galt Haltung zu bewahren, sicher, ruhig, befehlsgewohnt.

Der geradlinige Matjuchin mit dem hellen, dichten, zur Seite gestrichenen Haarschopf, den festen Backen, dem starken Händedruck war durch und durch Krieger.

Er bestätigte Egos Identität – und wie froh er war! Unser Regiment erhält Ergänzung! Wir werden die Bolschewiki schlagen!

Spöttisches Lächeln der Stärke.

Sie verabredeten, in welchem großen Dorf beide Seiten sich am nächsten Tag gegen Abend treffen sollten. Und übermorgen greifen wir an!

Das war der Augenblick! Ektow durchzuckte es: Nein! Ich werde *reden*! Erschießt mich, bringt meine Familie um, aber diese redlichen Männer kann ich nicht verraten.

Doch in diesem Augenblick war seine Kehle ausgetrocknet, wie verbrannt.

Während er noch schluckte, unterbrach ihn jemand, sagte etwas, dann sprach noch einer. (Die

Tschekisten spielten ihre Rollen gut. Jeder brachte eine eigene Geschichte vor, mit der er erklärte, weshalb man ihn bisher beim Aufstand nicht gesehen hatte. Und ihre Aufmachung – fabelhaft; sie hatten sich teils als Soldaten, teils als Matrosen kostümiert.)

Schon verebbte Egos Entschlossenheit, fiel in sich zusammen.

Dann trennten sich die Unterhändler.

Es folgte ein langer, endlos langer, qualvoller Tag bei Kotowskijs Truppe.

Selbsthaß.

Finsternis des Verrats.

In derartiger Finsternis kann man sowieso nicht leben, nicht Mensch sein. (Und die Tschekisten lassen ihn nicht aus den Augen, folgen jeder Bewegung seiner Brauen, jedem Wimpernzucken.) Wenn doch alles schneller ginge. Sobald er ausgedient hat, werden sie ihn erschießen. (Doch dann werden sie Polina nicht anrühren.)

Gegen Abend saß die ganze Kavalleriebrigade auf. Viele als Kosaken verkleidet.

Sie formierten sich. Neben Ego ritt seine Suite. Kotowskij trug eine zottige Kuban-Papacha, unter der hervor sein viehischer Blick drohte.

Kotowskij oder Katowskij? Kam der Name von *Kat* (Henker)? Er hatte wegen Mord im Zuchthaus gesessen, mehrmals sogar. Ein entsetzlicher Mensch, bei seinem Anblick drehte sich einem der Magen um.

Es dämmerte, als sie aus entgegengesetzten Richtungen in dem vereinbarten Dorf eintrafen und sich an den Hütten aufstellten. (Die Kotowskij-Leute sattelten nur zum Schein ab, in zwei Stunden sollte das Gemetzel losgehen. Matjuchins Männer dagegen machten es sich bequem.)

In einem großen, wohlhabenden Haus mitten im Dorf bei der Kirche versorgte die gebieterische, noch nicht alte Hausfrau mit Töchtern und Schwiegertöchtern die für zwanzig Personen nebeneinandergestellten Tische: Hammel, gebratene Hühner, frische Gurken, junge Kartoffeln. Selbstgebrannter Wodka, in Flaschen abgefüllt, war auf den Tischen verteilt, daneben standen geschliffene Gläser. Petroleumlampen an der Wand und auf den Tischen gaben helles Licht.

Matjuchins Männer saßen nebeneinander an der einen Längsseite, Kotowskijs an der anderen. Ego hatte man wie einen Vorsitzenden an die Stirnseite placiert, da konnten ihn die einen wie die anderen gut sehen.

Welch lebensvolle Kraft steckte in diesen aufständischen Kommandeuren! Viele von ihnen hatten den deutschen Krieg mitgemacht, waren Soldaten und Unteroffiziere gewesen, jetzt hatten sie Offizierspflichten zu erfüllen.

Die Tambower Rasse: Derbe Gesichter mit vorstehenden Backenknochen, große, dicke Lippen, hie und da Kartoffelnasen, aber es gab auch lange, herabgebogene Hakennasen. Helle, wergartige Haarschöpfe wechselten mit schwarzen, einer hatte ein dunkelziegelrotes Gesicht wie ein Zigeuner, um so auffallender blitzte das Weiß der Zähne.

Kotowskijs Leute hatten ausgemacht, einigermaßen kleinrussisch zu sprechen, das klang so ähnlich wie der Dialekt der Kubankosaken. Vom Don war nicht einer unter ihnen. Aber man rechnete damit, daß die Tambower die Redeweise der Donkosaken nicht so genau kannten.

Einer von Matjuchins Männern mit verschlossenem, mißtrauischem Gesicht, vorgerecktem Kinn, Säcken unter den Augen und hängendem Schnurrbart war offenbar sehr müde.

Ein anderer, forsch und straff mit gezwirbeltem Schnurrbart und aufmerksamem, aber fröhlichem Blick saß in der Ecke, ein Bein über das andere geschlagen, als erwarte er nichts Unvorhergesehenes, sei aber zu allem bereit, komme, was da wolle.

Ego hielt es nicht aus, zweimal stieß er ihn mit dem Fuß an. Begriff der denn nicht?

Die Gläser mit dem Selbstgebrannten wurden geleert, gefüllt, geleert und wieder gefüllt. Das feuerte die Stimmung des Freundschaftsfests an. Lange Messer tranchierten den Hammel und den geräucherten

Schinken. Hier und da stieg kräftiger Machorkarauch auf und verteilte sich unter der Zimmerdecke. Die jungen Frauen warteten auf, boten an, räumten ab.

Und wenn nun plötzlich doch ein Wunder geschieht – und alles ist gerettet? Werden Matjuchins Männer die Falle wittern und entkommen?

Der »Unterfähnrich Borissow« (in Wirklichkeit Kommissar und Tschekist) erhob sich und begann eine erfundene »Resolution der allrussischen Versammlung der Aufständischen« vorzulesen: Sowjets ohne Kommunisten! Sowjets der werktätigen Bauern und Kosaken! Hände weg von der Bauernernte!

Einer von Matjuchins Leuten, noch nicht alt, aber mit einem vom Leben geprägten Gesicht, blickte mit ruhigen klugen Augen auf den lesenden Mann. Neben ihm ist einer wie aus Gußeisen, den Kopf leicht zur Seite geneigt, schaut schräg hinüber. Ja, das sind Männer! Oh, ist das schwer. Aber jetzt läßt sich nichts mehr retten. Selbst wenn ich losschreie.

Matjuchin drischt mit seiner Faust auf den Tisch und ruft zur Bestätigung des Unterfähnrichs: »Vernichten wir dieses blutige Kommunistenpack!«

Kotowski kommt zur Sache: Wo denn Antonow selbst sei. Ohne ihn klappe doch kaum etwas.

Matjuchin: »Vorläufig läßt er sich nicht finden. Es heißt, er wäre verwundet worden. Aber alle Männer im Gebiet von Tambow werden wir wieder mobilisieren.« Sein Plan: Angriff auf das Lager bei Rasskasow, wo die Familien der Aufständischen zusammengetrieben wurden. Kotowski ist einverstanden.

Gibt Kotowski das Zeichen?

Da greifen die Kotowski-Männer zu ihren Waffen, der eine reißt seine Mauser hoch, der andere seinen Revolver, und schießen über den Tisch auf ihre *Verbündeten.* Getöse im Haus, Rauch, Brandgeruch, Weibergeschrei. Einer nach dem anderen stürzen Matjuchins Leute: einer mit der Brust ins Essen, auf den Tisch, einer zur Seite auf den Nachbarn, einer von der Bank nach hinten auf den Boden. Der forsche Mann mit dem aufmerksamen Blick schafft es, zweimal aus seiner Ecke zurückzuschießen. Zwei von Kotowskis Leuten fallen tot um. Da erwischt es ihn – ein Säbelschlag, und der Kopf poltert auf den Fußboden, das rote Blut spritzt aus dem Hals.

Ektow sprang nicht auf. Er war versteinert. Träfe es doch auch ihn, jetzt gleich, egal wie.

Einige Leute von Kotowski stürmten aus dem Haus, um Matjuchins Wachleute zu erwischen, die noch nicht erfaßt hatten, was sich abspielte. Berittene Kotowski-Männer galoppierten durch das Dorf, um Matjuchins Leute niederzuschlagen oder niederzuschießen – in den Höfen, den Hütten, im Bett.

Wem es noch gelang, der galoppierte fort zum nächtlichen Wald.

Ein Heldenleben

1 Der Bauernjunge Jorka Schukow half schon seit seinem siebenten Jahr bei der Heuernte und später auch fleißig auf dem elterlichen Hof, außerdem besuchte er drei Jahre lang die Kirchengemeindeschule. Dann gaben die Eltern ihn zu einem entfernten reichen Verwandten, einem Kürschner, nach Moskau in die Lehre. Dort wuchs er heran als Bedienung, als Laufbursche, als Handlanger und lernte allmählich das Kürschnerhandwerk. (Nach beendeter Lehrzeit ließ er sich in einem geliehenen schwarzen Anzug mit Atlaskrawatte photographieren und schickte das Bild ins Dorf mit der Unterschrift »Kürschnermeister«.)

Dann begann der Krieg gegen die Deutschen. 1915, als Jorka neunzehn Jahre alt war, wurde er eingezogen. Er war nicht groß, aber kräftig und breitschultrig, daher kam er zur Kavallerie in eine Dragonerschwadron. Hier lernte er mit Pferden umzugehen, gewann eine gute Haltung. Nach einem halben Jahr wurde er in ein Ausbildungskommando geschickt und anschließend zum Unteroffizier befördert. Im August 1916 kam das Regiment an die Front. Zwei Monate später traf ihn ein österreichisches Geschoß, er wurde ins Lazarett eingeliefert. Kaum genesen, wählten die Kameraden ihn zum Vorsitzenden des Schwadronskomitees im Reserveregiment, an die Front brauchte er nicht mehr. Ende 1917 lösten sie selbst ihre Schwadron auf und gaben jedem eine gültige Bescheinigung mit Angabe des Dienstranges. Ihre Waffen behielten sie – mach damit, was du willst – und ab nach Hause!

Einige Zeit blieb Jorka in Moskau, einige Zeit verbrachte er in seinem Heimatdorf im Gouvernement Kaluga; lange lag er mit Flecktyphus – den bekamen damals viele – und überstand auch einen Rückfall. So gingen die Monate dahin. Unterdessen begann im August 1918 die allgemeine Rekrutierung für die Rote Armee. Schukow wurde der 1. Moskauer Kavalleriedivision zugeteilt und zog mit ihr gegen die Uralkosaken, die sich der Sowjetmacht nicht unterordnen wollten. (An dieser Front sah er einmal sogar den berühmten Michail Frunse.) Die Division schlug sich mit den Kosaken herum, jagte sie in die Kirgisensteppe und wurde anschließend an die untere Wolga verlegt, nach Zarizyn, danach ging es gegen die Kalmyken nach Achtuba. Die Kalmyken waren so töricht, allesamt der Sowjetmacht zu widerstehen, ließen sich nicht überzeugen.

Dort erwischte ihn eine Handgranate. Jorka mußte wieder ins Lazarett und bekam noch einmal Flecktyphus. Die Seuche hatte sich im ganzen Land verbreitet. Als klassenbewußter Kämpfer wurde Georgij Konstantinowitsch Schukow im Frühjahr 1919 in die Russische Kommunistische Partei aufgenommen und Anfang 1920 in einen Lehrgang für »Rote Offiziere« bei Rjasan geschickt. Auch hier war er kein einfacher Kursant, er wurde gleich zum Ältesten der Ausbildungsschwadron gewählt, man hatte erkannt, daß in ihm ein Anführer steckte.

Der Bürgerkrieg ging zu Ende. Nur Wrangell hielt sich noch. Die Kursanten nahmen an, sie würden auch nicht mehr gegen Polen* zum Einsatz kommen. Doch im Juli 1920 mußten sie ihre Ausbildung unterbrechen. In großer Hast verlud man einen Teil der Kursanten in Transportzüge Richtung Kuban, einen anderen nach Dagestan (hier kamen viele ums Leben). Schukow geriet in das kombinierte Kursantenregiment in Jekaterinodar und wurde gegen das Landeunternehmen Ulagajs eingesetzt, danach gegen die Kubankosaken, die sich gruppenweise im Kaukasusvorgebirge herumtrieben und sich nicht ergeben wollten, die Verfluchten! Sie kapitulierten erst, nachdem Denikin erledigt war. Wir haben sie ordentlich verdroschen und viele erschossen.

Damit galt die Ausbildung der Kursanten als abgeschlossen, sie wurden in Armavir vorfristig als Rote Kommandeure* entlassen. Alle erhielten neue Hosen, himbeerfarbene. Die stammten aus einem Husarenmagazin. Andere Hosen gab es offenbar nicht. Die entlassenen Kursanten begaben sich zu ihren Einheiten, wo sie sich in diesen Hosen prachtvoll von den Kameraden unterschieden und von den Rotarmisten befremdet angestaunt wurden.

Schukow befehligte zuerst einen Zug, bekam aber

schon bald eine Schwadron. Stets hatten sie die gleichen Operationen durchzuführen: Säuberung von Banditennestern. Erst an der Küste. Im Dezember wurden sie ins Gouvernement Woronesh verlegt, hier mußte die Bande Kolesnikow liquidiert werden, und sie wurde liquidiert. Anschließend ging es in das benachbarte Gouvernement Tambow, wo zahllose Banden ihr Unwesen trieben. Der Gouvernementstab Tambow hatte daher auch hier Streitkräfte zusammengezogen. Ende Februar, so berichtete der Regimentskommissar, verfügte das Gouvernement schon über 33 000 Bajonette, 8000 Säbel, 460 Maschinengewehre und 60 schwere Geschütze. Dagegen beklagte der Kommissar bitter den Mangel an Politarbeitern, die eindringlich die gegenwärtige Situation erläutern konnten: Dies ist ein Krieg, den die Entente entfesselt hat; dadurch wurde der Zusammenhalt von Stadt und Land zerstört. Aber wir bleiben fest und werden das Pack auseinanderknüppeln.

Zwei ihrer Kavallerieregimenter griffen im März an, noch vor dem Tauwetter. Sie zogen von der Station Sherdjowka aus in das Banditengebiet von Tugolukowo-Kamenka. (Befehl des Gouvernementvorsitzenden der Tscheka Traskowitsch: Kamenka und Afanasjewka sind vom Antlitz der Erde zu tilgen, Erschießungen ohne Pardon!) Schukows Schwadron mit vier schweren Maschinengewehren und einem Dreizöllergeschütz bildete die Avantgarde. Beim Dorf Wjasowoje griffen sie eine Antonow-Einheit an, die 250 Säbel hatte, kein einziges Maschinengewehr und nur aus Gewehren feuerte.

Schukow ritt die goldrote Sorka (er hatte sie im Gouvernement Woronesh bei einem Geplänkel erbeutet, nachdem er ihren Besitzer erschossen hatte). Ein hochgewachsener Antonower versetzte Schukow einen Säbelhieb quer über die Brust, der den Halbpelz durchdrang. Schukow stürzte, aber auch Sorka stürzte und fiel über ihn. Der riesige Antonower holte aus, um dem am Boden Liegenden den Rest zu geben, doch da packte der Politruk Notschowka den Antonower von hinten und erschlug ihn. (Sie durchsuchten den Toten und entnahmen einem Brief, daß er genau so ein Dragoner war wie Schukow, wenn nicht gar aus demselben Regiment.) Die benachbarte 1. Schwadron begann zurückzuweichen, Schukows 2. Schwadron bildete nun die Arrièregarde des Regiments, verteidigte sich nur mit den Maschinengewehren. Mit knapper Not gelang es ihm, seine vier Maschinengewehre auf Schlitten zu retten und auch das Geschütz zurückzuschleppen.

Schukow war bitterböse auf die Banditen. Sie waren doch auch Bauern, aber irgendwie anders, nicht wie die Kalugaschen. Wie konnten sie sich bloß derart gegen unsere eigene Sowjetmacht stemmen? Von zu Hause schrieben die Angehörigen: Wir sterben vor Hunger, und *die* geben kein Korn! Der Kommissar erklärte: Es ist richtig, wir schicken ihnen keine städtischen Waren, weil wir selbst keine haben. Sie können sich zur Not ihre Gerätschaften selber zusammenzimmern, woher soll aber die Stadt Brot nehmen? In abgelegenen Dörfern, wohin unsere Beschaffungstrupps nicht kommen, überfressen sich die Leute.

Man mußte eben kurzen Prozeß machen. Jedesmal, wenn sie in ein Dorf kamen, requirierten sie die kräftigeren Pferde und ließen die erschöpften zurück. Wenn die Meldung kam, in dem und dem Dorf halten sich Antonower auf, stürmten sie hin, durchsuchten das Dorf, durchstöberten die Dachböden, die Scheunen und Brunnen (ein Antonow-Feldscher hatte sich in einem Brunnen einen Seitenschacht gescharrt und sich darin versteckt). Sie gingen auch noch anders vor: Das ganze Dorf mußte antreten, groß und klein, alt und jung, wohl anderthalbtausend Menschen. Jeden zehnten schlossen sie in einer Scheune ein. Den übrigen ließen sie vierzig Minuten, um eine Liste der in diesem Dorf wohnenden Banditen anzufertigen, andernfalls würden die Geiseln erschossen.

Was war zu tun? Die Liste wurde gebracht. Vollständig oder nicht, in der Besonderen Abteilung würde man mit ihr schon was anfangen können.

Auch die Banditen erhielten ihre Informationen.

Einmal kam Schukows Schwadron an ein in Eile aufgegebenes Banditenlager, dort fanden sie die Kopie jenes Befehls, mit dem sie zum Angriff auf dieses Lager angesetzt worden waren. So arbeiten sie, Feindespack!

Die Versorgung der Roten Armee war miserabel. Mal gab es Rationen, mal gab es nichts. (Ein Schwadronsführer verdient monatlich 5000 Rubel. Was kann er sich dafür kaufen? Ein Pfund Butter und zwei Pfund Schwarzbrot.) Wie soll man sich ernähren, wenn nicht aus den Banditendörfern? Da sprengt ein Zug in ein Dörfchen ein: eine Mühle, ein paar Häuser und nur Weiber. Ohne von den Pferden zu springen, treiben die Rotarmisten alle Weiber in den Mühlenspeicher und sperren ihn ab. Dann ziehen sie los, durchstöbern die Keller, trinken einen Krug Milch aus, schmeißen ihn wütend auf den Boden.

Sie zwingen einen Bauernjungen, seinen Karren mit der Schwadronsbagage zu beladen und mit ihnen die Aufständischen zu verfolgen. Er seufzt aus Herzensgrund:

»Wenn ihr doch bloß rasch diese Mushiki einholtet und mich zur Mama entlassen würdet!«

Ein ganz kleiner Kerl, der noch nichts begreift, fragt arglos:

»Onkel, warum hast du denn meinen Vater totgeschossen?«

Gefangennahme von zwei Dutzend Rebellen. Man verhört sie einzeln. Sie denunzieren sich gegenseitig: »Der da war MG-Schütze.«

Eine kleine Patrouille kommt in ein Dorf. Alle Bewohner haben sich eingeschlossen. Das Dorf ist wie ausgestorben. Klopfst du irgendwo an, kommt von drinnen eine Frauenstimme: »Seid nicht böse, wir haben selbst nichts, müssen hungern.« Klopfst du noch woanders, heißt es: »Wir haben allen Glauben verloren. Was für Obrigkeiten auch kommen, alle sind nur darauf erpicht, Korn zu ergattern.«

Die verschreckten Menschen sind weder für die Sowjetmacht noch für die Partisanen, sie wollen nur eins, endlich in Frieden gelassen werden.

In der Politschulung wird gelehrt: »Reizt die Bevölkerung nicht unnötig.« Aber auch: »Sperrt die Ohren auf! Beim kleinsten Wörtchen mit dem Gewehrkolben in die Schnauze.«

Bei den Rotarmisten machte sich gefährlicher Unwille breit, mit der Waffe gegen die Bauern vorzugehen. (Wir sind selbst Bauern, wozu sollen wir auf die eigenen Leute schießen?) Und die Banditen verstreuten zudem noch Flugblätter:

»Ihr seid die Banditen, wir sind nicht bei euch eingedrungen, verschwindet aus unseren Dörfern, wir können ohne euch leben.«

Von irgendwoher tauchte das Gerücht auf, in den nächsten Wochen gäbe es eine allgemeine Demobilisierung. »Wozu sollen wir darauf erst warten und noch immer kämpfen?« (Es hatte schon Flucht zu den Banditen und Desertion gegeben, besonders bei großen Truppenverschiebungen.)

Politruk Notschowka sagte:

»Man muß sie umerziehen. Wenn sie sich vollaufen lassen, was singen sie dann? Kein einziges revolutionäres Lied, immer nur ›Von der Insel, der verfluchten‹ oder irgendwas Unanständiges. Und wenn wir in einem Dorf übernachten, wo die Männer sich im Wald versteckt haben, machen Unsere von deren Frauen Gebrauch.« Notschowkas Lieblingsausspruch war: »Auf der Erde ohne Arbeit und ohne revolutionäre Kämpfe leben, das ist Parasitentum!« Ihn erboste besonders eine Feldscherin, die der ganzen Abteilung zu Willen war und fröhlich erklärte: »Ich bin kein Gulasch, mich kann man nicht aufessen, es reicht für die ganze Schwadron.«

Morgenappell: Wer fehlt? Wer ist abgehauen? Man muß die eigenen Rotarmisten fest zwischen die Schenkel klemmen. Der militärische Leiter vom Gouvernement-Kriegskommissariat berichtete: »Im Gouvernement Tambow treiben sich 60000 Deserteure herum. Auffüllung für die Banditen.«

Die Befehle aus dem Tambower Stab an die Regimenter waren niemals exakt militärisch. Oft blieb unklar, wo Aufklärungsgelände und wo Kampfgebiet war. Es hieß immer nur: »Angreifen und vernichten!« Oder »Einkreisen und liquidieren!« »Ohne Rücksicht auf Verluste!«

Und sie nahmen wirklich keine Rücksicht. Nur – wie sollte man die Banditen schnappen? Wie sie erkennen? In den Dörfern war von der Sowjetmacht nichts übrig geblieben. Die Funktionäre hatten sich aus dem Staub gemacht, hockten in den Städten. Wen sollte man fragen? Der Armeebefehlshaber ließ Dorfversammlungen einberufen. Alle Männer hatten in einer Reihe anzutreten, dann wurden sie gefragt: »Wer von euch gehört zu den Banditen?« Schweigen. »Jeden zehnten erschießen!« Und sie wurden vor allem Volk auf der Stelle erschossen. »Reihen aufschließen! Wer von euch gehört zu den Banditen?« Nachzählung, Auswahl für die nächste Erschießung. Da halten sie es nicht mehr aus, fangen an zu verraten, andere reißen aus in alle Himmelsrichtungen. Alle kann man nicht erschießen.

Manchmal wurden alleingehende Frauen unterwegs festgenommen. Sie könnten ja eine Spionagemeldung bei sich haben.

Und wenn auf einer Straße viel Pferdemist liegt, bedeutet das: Hier sind Banditen geritten.

Nicht selten litten die Rotarmisten Hunger. Ihre Schuhe zerschlissen, sie schliefen, ohne sich auszuziehen, in abgewetzten, schmutzigen Uniformen. (Und das in himbeerfarbenen Hosen!) Sie waren erschöpft, übermüdet.

Mußte jemandem ein Bein amputiert werden, geschah dies ohne Narkose, es fehlte auch an Verbandszeug.

Mitte April erreichte Sherdjowka das Gerücht, die Antonower hätten das große Fabrikdorf Rasskasowo erobert, 45 Werst von Tambow entfernt, und hätten es vier Stunden lang halten können. Sie hätten die Kommunisten in ihren Wohnungen niedergemetzelt, ihnen die Köpfe abgeschnitten. Die Hälfte des dort stationierten Bataillons sei zu den Banditen übergegangen, die andere Hälfte hätten die Antonower gefangengenommen. Dann hätten sie sich unter Flugzeugbeschuß zurückgezogen.

So verlief dieser Krieg. Und jetzt, da es vom Winter aufs Frühjahr zuging, wurde es noch schlimmer. Der Aufstand währte schon acht Monate, und die Antonower gaben nicht auf, ihre Zahl wuchs sogar noch. (Wenn sie auch manchmal nicht mit Kugeln, sondern mit Eisenbrocken schossen.)

Vom Stab in Tambow kam der Befehl:

»Alle Operationen sind mit Härte zu führen. Nur Härte erzeugt Respekt.«

Die aufständischen Dörfer wurden restlos niedergebrannt. Nur Asche und die Rümpfe der russischen Öfen blieben übrig.

Die Besondere Abteilung in Sherdjowka war auch nicht faul. Ihr Chef, Schurka Schubin, in rotem Hemd und blauer Reithose, ging behängt mit Granaten und einer mächtigen Mauser im Holzfutteral, herum, auch hinüber in den Hof der Kavalleristen, deren Kommandeur der Besonderen Abteilung unterstand:

»Wer kommt rüber, Banditen erschießen? Zwei Schritte vor!« Niemand meldete sich. »Verdammt schlecht erzogen seid ihr!« Der Hof der Besonderen Abteilung war vollgestopft mit Leuten, die erschossen werden sollten.

Schubin ließ eine große Grube ausheben. Die Todeskandidaten mußten sich, Gesicht zur Grube, Hände auf dem Rücken gefesselt, an den Grubenrand setzen. Schubin und seine Helfer gingen an ihnen entlang. Genickschuß.

Wie sollte man auch anders mit denen umgehen? Jorka hatte einen guten Freund gehabt, einen Namensvetter: Pawel Schukow. Den hatten die Banditen erschlagen, einfach in Stücke gehauen.

Es ist ein echter Krieg, da muß man sich noch stärker ins Zeug legen. Nicht so wie in jenem Krieg gegen die Deutschen. Auch Jorka verrohte, wurde zum verbissenen Kämpfer.

Im Mai kam eine Bevollmächtigtenkommission des Allrussischen Exekutivkomitees aus Moskau. Angeführt wurde sie ebenfalls von einem Antonow, nur hieß der mit vollem Namen Wladimir Iwanowitsch Antonow-Owssejenko. Und um die Besondere Tambower Armee zu führen, hatte Armeebefehlshaber Tuchatschewskij die Westfront, an der er vor kurzem die Polen geschlagen hatte, verlassen. Mit ihm kam sein Stellvertreter Uborewitsch, der schon in Weißrußland tüchtig unter den Banditen aufgeräumt hatte. Sie brachten einen kompletten Stab und eine Panzereinheit mit.

An einem der nächsten Tage hatte Schukow das Glück, den berühmten Tuchatschewskij zu sehen. Auf gepanzerter Draisine kam er nach Sherdjowka in den Stab der selbständigen 14. Kavalleriebrigade und befahl dem Brigadekommandeur Milonow, alle Kommandeure und Politruks, vom Regiments- bis hinunter zum Schwadronskommandeur, zusammenzurufen.

Tuchatschewskij war nicht groß. Aber wie er auftrat! Stolz, die Brust vorgewölbt. Er kannte seinen Wert.

Seine Ansprache begann er mit Lobesworten für die Tapferkeit der Truppe, ihr Pflichtbewußtsein. (Dabei wurde jedem warm ums Herz, die Brust weitete sich.) Dann erklärte er die gemeinsame Aufgabe:

»Der Sowjet der Volkskommissare hat befohlen, innerhalb von sechs Wochen die Tambower Revolte zu liquidieren, gerechnet vom 10. Mai an. Und zwar um jeden Preis! Uns allen steht härteste Arbeit bevor. Wie die Erfahrung bei der Niederwerfung derartiger Volksrevolten lehrt, ist unbedingt das gesamte Aufstandsgebiet mit völliger Okkupation zu überziehen, unsere Streitkräfte sind planmäßig auf dem Gebiet zu verteilen. Soeben ist die berühmte Kavalleriebrigade Kotowskij aus Kiew in Morschansk eingetroffen und schon gegen das meuternde Pachotnyj Ugol gezogen. Anschließend wird sie hierher ins Zentrum der Meuterei kommen. Unsere große technische Überlegenheit besteht in unserem Fliegertrupp und unserer Panzereinheit. Unsere ersten Forderungen an die Bevölkerung: Sie hat alle Brücken an Feldwegen instandzusetzen, damit unsere motorisierten Einheiten sich ungehindert bewegen können. (Nehmt niemals Wegführer aus der örtlichen Bevölkerung!) Wir haben noch Giftgas in Reserve, wenn nötig, werden wir es einsetzen, die Erlaubnis des Sowjets der Volkskommissare liegt vor. Im Zuge der bevorstehenden drastischen Niederwerfung des Aufstands werden Sie, Genossen Kommandeure, ausgezeichnete Kriegserfahrungen sammeln.«

Schukow blickte den Armeebefehlshaber unverwandt an. Zum erstenmal im Leben sah er einen echten Feldherrn, das war kein einfacher Haudegen wie unsereiner oder selbst noch Brigadekommandeur Milonow. Und wie sicher er auftritt. Diese Sicherheit teilt sich jedem mit: Genau so, ganz genau so muß alles gemacht werden! Und sein Gesicht! Kein gewöhnliches Gesicht, ein aristokratisches, kultiviertes Gesicht. Der Hals – zart, schlank. Große samtige Augen. Die Schläfenhaare trägt er lang, aber gut frisiert. Und er spricht so gewandt, anders als wir. Sehr gut steht ihm die Budjonnyj-Mütze. Wir tragen sie ja alle. Aber Tuchatschewskij wirkt mit ihr noch feldherrnhafter.

»Natürlich«, führte Tuchatschewskij weiter aus, »werden wir bedeutend mehr Agenten bei den Banditen einschleusen müssen, obwohl die Tscheka schon jetzt schwere Verluste zu beklagen hat. Unsere Hauptwaffe ist jedoch die Einflußnahme über die *Familien*.«

Dann verlas Tuchatschewskij den von ihm schon unterzeichneten Befehl Nummer 130, der in diesen Tagen im ganzen Gouvernement der gesamten Bevölkerung zur Kenntnis gebracht wird. Die Sprache dieses Befehls war genauso unbedingt überzeugend wie der junge Feldherr selbst:

»Alle Bauern, die zu den Banditen übergegangen sind, haben sich unverzüglich der Sowjetmacht zu ergeben, ihre Waffen abzuliefern und ihre Anführer namhaft zu machen... Wer sich freiwillig ergibt, dem droht die Todesstrafe nicht. Die Familien der sich nicht ergebenden Banditen sind ausnahmslos zu verhaften, ihr Besitz ist zu konfiszieren und unter den der Sowjetmacht treuen Bauern zu verteilen. Die verhafteten Familien von Banditen, die sich nicht ergeben haben, werden in entfernte Örtlichkeiten der Russischen Sozialistischen Föderativen Sowjetrepublik deportiert.«

Obwohl jede derartige Versammlung, an der wie etwa an der heutigen viele Kommunisten teilnahmen, keinesfalls vor dem Absingen der Internationale enden konnte, wartete Tuchatschewskij diese Zeremonie nicht ab. Er reichte lediglich dem Brigadekommandeur seine gepflegte Hand und ging in derselben stolzen Haltung fort. Gleich darauf sauste die gepanzerte Draisine mit ihm davon. Diese souveräne Art verblüffte Schukow über die Maßen.

Jetzt, noch vor der Internationale, wurde den Kommandeuren ein Flugblatt des Gebietsexekutivkomitees ausgehändigt, das an die Bauern des Gouvernements Tambow gerichtet war:

»Es ist höchste Zeit, die stinkende Eiterbeule der Antonower zu liquidieren! Bisher hatten die Banditen einen Vorteil im häufigen Pferdewechsel. Also, wenn die verbrecherischen Antonow-Banden in der Nähe eurer Dörfer auftauchen, dann laßt kein einziges Pferd im Dorf! Treibt die Pferde dorthin, wo unsere Truppen sie zu schützen verstehen.«

Als die Versammlung sich auflöste, verließ Schukow sie mit einem neuen Gefühl, gemischt aus Bewunderung für das hehre Beispiel und Neid.

Einfach kämpfen, das kann jeder Döskopf. Aber Krieger bis ins Mark, bis zum letzten Atemzug, so daß alle anderen es spüren. Das ist eine große Sache!

Und Schukow? Er liebte das Kriegshandwerk wirklich, mehr als alles andere auf der Welt.

Die für die endgültige Niederwerfung des Aufstands vorgesehenen sechs Wochen eilten dahin. Die Panzerautos aus Uborewitschs Einheit waren nicht so hilfreich, wie man gehofft hatte, sie konnten nicht überall hingelangen, brachen an den Brücken ein, ebenso seine leichten Lastwagen, selbst noch die Personenautomobile, die mit schweren und leichten Maschinengewehren bestückt waren. Die Bauernpferde fürchteten sich vor den Automobilen; sie gingen weder zum Angriff über, noch konnten sie der Verfolgung durch die Autos entkommen.

Einen großen Vorteil hatten die Rotarmisten: Die Antonower besaßen keinen Funk, so konnten die sie verfolgenden Roten Einheiten unverschlüsselt funken. Das erleichterte Rücksprachen und beschleunigte die Weitergabe von Meldungen. Wenn Antonower dahingaloppierten, im Glauben, von niemandem bemerkt worden zu sein, benachrichtigte die Funkverbindung schon alle drei Kreise, wo die Banditen waren, in welche Richtung sie ritten, wohin die Verfolgung zu gehen hatte, wo man ihnen den Weg abschneiden konnte.

Wir jagten dem Kern der Antonower nach, wollten ihn dingfest machen und in eine große Schlacht verwickeln. Doch Antonow wich aus. Von Norden her zog die Brigade Kotowskij gegen ihn, von Westen rückte die Brigade Dmitrijenko an, ergänzt durch einen Trupp Tschekisten unter Kononenko, sieben Anderthalbtonner Fiat und eigene Tankwagen. Antonow geriet unverhofft in ein Kesseltreiben, konnte aber entkommen. Bei häufigem Pferdewechsel legte er täglich hundertzwanzig bis hundertdreißig Werst zurück und gelangte bis ins Gouvernement Saratow, bis an den Chopjor. Hier drehte er um. Die 14. Brigade wie auch die gesamte Rote Reiterei blieben überall zurück, lediglich die Panzerautos waren den Antonowern auf den Fersen.

(Man erzählte sich folgende Episode: Einmal holte ein motorisierter Trupp Antonow ein, der sich im Dorf Jelan ausruhte. Der Trupp brauste ins Dorf, feuerte mit Maschinengewehren auf die Banditen, die rannten in den Wald, sammelten sich dort und warteten ab. Bei den Unseren hatten zum Teil die Maschinengewehre versagt, und unsere Reiterei kam mal wieder zu spät. So verschwanden die Antonower, zerflossen, wer weiß wohin.)

Drei Wochen waren vergangen, die Hälfte der festgesetzten Frist, und Antonow war noch nicht geschlagen. Die Kavalleriebrigaden bewegten sich tastend, lauerten auf Meldungen der Aufklärer. Die beiden motorisierten Einheiten warteten auf Ersatz und auf Treibstoff. Auf den Bahnstrecken fuhr ein Panzerzug hin und her, von einer gepanzerten Draisine begleitet. Sie verfolgten die Spuren der Banditen, um ihnen den Weg zu verlegen. Vergeblich.

Da kam Tuchatschewskijs Geheimbefehl Nr.

0050, der in den Schwadronen und Kompanien verlesen wurde:

»Am 1. Juni ist bei Tagesanbruch mit der massenweisen Verhaftung der Banditenelemente zu beginnen.« Das hieß: Die Dörfer sind zu durchkämmen, alle Verdächtigen sind zu verhaften.

Schukow las den Befehl seiner Schwadron vor: ihm war, als habe er Tuchatschewskij leibhaftig vor sich, er fühlte sich in ihn hineinversetzt, und wie mit Tuchatschewskijs Stimme und mit seinem Auftreten las er volltönend:

»Die Festnahme darf keinen Zufallscharakter tragen, sie muß den Bauern deutlich machen, daß Banditen und ihre Familien umgehend deportiert werden und daß der Kampf gegen die Sowjetmacht aussichtslos ist. Die Operation ist mit Schwung und Begeisterung durchzuführen. Keine kleinbürgerlichen Sentimentalitäten! Armeebefehlshaber Tuchatschewskij.«

Schukow war froh, unendlich froh, unter einem solchen Kommando zu dienen. Das ist es, das ist Soldatenart: Ehe man selbst kommandieren kann, muß man gehorchen lernen, muß man lernen, Befehle auszuführen.

Und – sie fingen die Leute ein, harkten sie zusammen und karrten sie in die Konzentrationslager. Auch die Familien, von den Männern getrennt.

Ein paar Tage später entdeckten sie erneut die

Spur von Antonows Hauptmacht, weit weg, am Oberlauf der Worona im Schirjajewskij-Wald. (Einer Meldung zufolge sollte Antonow bei dem letzten Angriff der motorisierten Einheit eine Kopfverletzung davongetragen haben.) Jetzt wurde die frische Kavalleriebrigade Fedko herangezogen, dazu noch ein Tschekistenregiment und ein Panzerzug. Alle Ausgänge aus dem Schirjajewskij-Wald wurden dicht abgesperrt. Doch da kam in der Nacht ein schreckliches Gewitter. Deswegen löste der Kommandeur des Tschekistenregiments die Kompanien von ihren Posten ab und verteilte sie auf eine oder zwei Stunden in die umliegenden Dörfer. Die gepanzerte Draisine, die ständig einen Abschnitt von sieben Werst zwischen Kirssanow und der Worona kontrollierte, wurde abgerufen, um die Durchfahrt des persönlichen Zuges von Uborewitsch zu sichern, und stieß in der Dunkelheit mit dem Zug zusammen. Die Antonower errieten die Lücke im Umfassungsring und die Zeit zur Flucht richtig, entwischten der Einkreisung während desselben schrecklichen Gewitters und entschwanden in den Tschutanowskij-Wald.

Die Rebellen hatten eine Antwort auf den Befehl Nr. 130 parat. Sie befahlen, in den Dörfern solle niemand seinen Namen angeben, dadurch würden die Roten in eine Sackgasse geraten. Sie sollten sich schlagen und wieder schlagen lassen, aber ihre Namen nicht preisgeben.

Als wären sie taub und blind.

Der Niederwerfungsstab fand darauf seinerseits eine Antwort. 11. Juni, Befehl Nr. 171:

»Bürger, die ihren Namen nicht nennen, sind ohne Verhandlung zu erschießen. In Dörfern, in denen die Waffen nicht abgeliefert wurden, sind Geiseln zu nehmen und zu erschießen. Werden in einem Haus versteckte Waffen gefunden, ist der älteste Arbeiter dieser Familie ohne Verhandlung zu erschießen. In Familien, die zwar keine Banditen versteckt haben, wohl aber deren ihnen zur Aufbewahrung übergebene Habe, Kleidung, Geschirr, ist der älteste Arbeiter ohne Verhandlung zu erschießen. Der Besitz von geflohenen Banditenfamilien ist unter den der Sowjetmacht treuen Bauern aufzuteilen. Die verlassenen Häuser sind zu verbrennen.«

Unterschrift: Antonow-Owssejenko.

War es unvermeidlich? Mußte man seinen Namen wirklich angeben? Die Familien der Aufständischen begannen, ihre Dörfer zu verlassen. Und sofort erließ die Bevollmächtigtenkommission des Allrussischen Exekutivkomitees einen neuen Befehl:

»Das Haus einer geflohenen Familie ist abzureißen oder niederzubrennen. Wer eine Familie bei sich versteckt, ist einer Banditenfamilie gleichzusetzen. Der Älteste einer solchen Familie ist zu erschießen. Antonow-Owssejenko.«

Fünf Tage später kam der Befehl Nr. 178:

»Wer den Banditen keinen Widerstand geleistet hat und nicht sofort das Auftauchen von Banditen beim nächsten Revolutionskomitee gemeldet hat, gilt als Komplize der Banditen mit den daraus sich ergebenden Konsequenzen.
Die Bevollmächtigtenkommission des Allrussischen Exekutivkomitees: Antonow-Owssejenko.«

Man sollte sie mit Pech übergießen, wie Wanzen verbrennen!

Und der exakte, kühle Armeebefehlshaber Tuchatschewskij erließ noch einen Geheimbefehl, Nr. 0116:

»Wälder, in denen sich Banditen versteckt halten, sind mit Giftgas zu säubern. Es ist genau darauf zu achten, daß die Wolke der erstickenden Gase sich vollständig über die gesamte Waldfläche ausbreitet und alles vernichtet, was sich dort verbirgt. Armeebefehlshaber Tuchatschewskij.«

War das zu hart? Ohne Härte – keine großen Feldherren.

2 Es gilt als durchaus angemessen und schicklich, mit siebzig Jahren seine Erinnerungen niederzuschreiben. Doch bei Schukow hatte es sich ergeben, daß er schon sieben Jahre früher damit begann.

In der Stille, in der Untätigkeit – womit sonst hätte er sich beschäftigen sollen? Jahr für Jahr in erzwungener, quälender Muße.

Man rief ihn nicht mehr an, er bekam keine Besuche mehr. Die Welt schwieg, hatte sich vor ihm verschlossen. Ob seine Lebensjahre ausreichten, diese Zeitspanne zu überstehen?

Eine Reihe von Überlegungen brachte Schukow zu dem Schluß: Es geht nicht anders, er muß schreiben. Für die Geschichte – gewiß. Schon viele hatten sich ans Schreiben gemacht und ihre Bücher sogar veröffentlicht.

Deshalb muß er sich sputen. Die Schreiber häufen nämlich allen Ruhm auf sich und halsen ihre Mißerfolge anderen auf.

Das ist unredlich.

Aber was für eine Heidenarbeit, zäh und langwierig! Schon die Unmenge von Erinnerungen macht ihm schwer zu schaffen. Was für Fehler ihm unterlaufen sind – es zerreißt ihm noch heute das Herz. Aber auf wie viele Erfolge kann er stolz sein!

Man muß auch gut abwägen, woran man sich besser *überhaupt nicht* erinnert und was man hervorheben darf, in welchen Formulierungen. Es könnte ja durchaus geschehen, daß man etwas niederschreibt, was einem später leid tun muß, was einem den letzten Frieden raubt, auch diese wundervolle Datscha am Moskwa-Fluß.

Die Aussicht vom Steilufer aus! Die herrlichen Kiefern mit ihren hochstrebenden Stämmen. Sie sind wohl zweihundert Jahre alt. Der Abstieg auf dem sandigen, mit Kiefernnadeln übersäten Weg. Und die sanfte Biegung des bläulichen Flußlaufs. Seit dem Bau des Stauwerks ist der Fluß sauber. Wasserschutzgebiet. Und wenn dort irgend jemand rudert, dann weiß man, es ist einer von uns oder ein Nachbar. Hier wildert niemand oder treibt sonstigen Unfug.

Vom Hintertürchen des Gartens führt ein Pfad zum Fluß hinab, doch Galja benutzt ihn nicht und die siebenjährige Maschenka ebensowenig. Ihm, dem nun bald Siebzigjährigen, ist es behaglicher, oben auf der Veranda zu sitzen. Beim Spaziergang auf dem Grundstück benutzt er jetzt einen Stock.

Auch die Ohren haben nachgelassen. Er hört nicht mehr jeden Vogel, nimmt nicht mehr jedes Geräusch wahr.

Die Datscha ist so schön, so wunderschön. Sie gehört allerdings dem Staat, an jedem Möbelstück klebt eine Inventarnummer. Er darf das Anwesen auf Lebenszeit bewohnen, nach seinem Tod müssen die vierzigjährige Galja, Maschenka und die Schwiegermutter sofort ausziehen. (Von seiner ersten Familie ist niemand mehr da, die beiden verheirateten Töchter haben sich selbständig gemacht.)

Zwei Herzinfarkte hat er überstanden (wenn es nur Infarkte waren), und es hatte lange gedauert, bis er wieder zu Kräften gekommen war. Nach dem zweiten Infarkt begann er zu schreiben.

Letzte Freiheit des Alters. Denken – Nachdenken, auf den Fluß schauen und etwas niederschreiben.

Manchmal tat ihm der Kopf weh.

Am langweiligsten war es, von längst vergangenen Zeiten zu erzählen. Von den Knabenjahren. Vom imperialistischen Krieg. Von den Jugendjahren als Schwadronsführer. Wodurch hatte er sich denn damals ausgezeichnet? Wirklich interessant wurde es doch erst, nachdem die Sowjetmacht sich endgültig durchgesetzt hatte; erst in den zwanziger Jahren begann das dauerhafte militärische Leben: Das Training in verschiedenartigstem Kavalleriedienst, das Taktikstudium und als Höhepunkt die Manöver. Tadellos gehorchte ihm sein Körper, der Schwung des Arms vom Pferd aus, das Pferd selbst und: zuerst seine Schwadron, dann sein Regiment. Seine Brigade. Schließlich eines Tages seine Division. (Uborewitsch hatte sie ihm anvertraut, er hatte in Schukow den Krieger erspäht.) Noch stärker als bisher fühlte er sich seitdem als Teilchen eines einzigen Organismus –

der eisernen Partei. (Es war sein ständiger Traum, dem berühmten Bolschewiken Blücher ähnlich zu werden, dem ehemaligen Arbeiter aus Mytischtschi, der, anfänglich nur zum Scherz, Blücher genannt wurde nach dem großen deutschen Feldherrn.)

Das Taktikstudium begeisterte Schukow, er fühlte sich, und das war ja ganz natürlich, in praktischen Dingen stärker als in theoretischen. Ein Jahr verbrachte er in der Kavalleriehochschule. Dort bekam er eines Tages als Thema für ein Referat »Grundfaktoren, die auf die Theorie der Kriegskunst einwirken«. Da hatte er sich fast die Beine ausgerissen: Was ist das? Faktoren? Worum handelt es sich? Wen kann man fragen? (Der Freund und Kommilitone Kostja Rokossowskij half ihm, auch noch ein anderer Freund, Jerjomenko – ein Kerl wie eine Eiche.)

So diente er jahrein, jahraus, ein erfolgreicher Kavallerie-Kommandeur, ein hervorragender Reiter; und er hegte nur einen Wunsch: Seine Division sollte die beste in der gesamten Roten Armee werden. Oft wurde ihm vorgeworfen, er stelle zu hohe Anforderungen, treibe zu hart an; aber das war doch ein gutes Kennzeichen, anders durfte Militärdienst gar nicht sein.

Überraschend wurde er von seiner Division abgezogen und zum Gehilfen des Inspekteurs der gesamten Kavallerie der Roten Armee, Semjon Michajlowitsch Budjonnyj, befördert. Er erhielt den Auftrag, das Militärreglement für die Kavallerie auszuarbeiten, eine klare, verständliche Arbeit. Und wer war sein Überprüfer? Gar nicht zu fassen: Tuchatschewskij! Jener schöne Mensch und kluge Kopf, den er einmal im Gouvernement Tambow erlebt hatte. Jetzt sollten sie zwei Monate lang zusammenarbeiten. (Und als unbeugsamer Kommunist wurde Schukow auch zum Sekretär des Parteibüros aller Inspektionen sämtlicher Waffengattungen gewählt.) Vierzig Jahre ist er alt. Im Laufe der Jahre wird er im Rang noch weiter aufrücken.

Und schaut man sich im Lande um, wieviel haben wir schon geschafft! Die Industrie ist in vollem Gang, die Kolchosordnung gedeiht und auch die Einigkeit des Volkes. Was willst du mehr?

Doch dann, 1937/38, wurde der geradlinige, unkomplizierte Militärdienst plötzlich ränkevoll, glitschig, kurvenreich. Der oberste Politruk des Militärbezirks ließ Schukow kommen, ein gewisser Golikow: »Haben Sie Verwandte unter den Verhafteten?« »Nein!« lautete die feste Antwort. (Er hat Mutter und Schwester in einem Kalugaschen Dorf. Das ist alles.) »Aber Freunde?« Freund? Kein so präziser Begriff wie Verwandter. Die Menschen, die er kennt, mit denen er zusammentrifft, sind das Freunde oder keine Freunde? Wie ist hier zu antworten? »Als Uborewitsch Ihre Division besuchte, hat er in Ihrem Haus zu Mittag gegessen.« Das ist nicht abzustreiten. (Uborewitsch hatte nicht nur bei ihm gegessen, er hatte ihn auch protegiert.) Und Kowtjuch? Noch in den letzten Monaten hieß er »der Legendäre«, jetzt ist er ein Volksfeind. Auch Rokossowskij ist verhaftet. »Und Sie haben Ihre Meinung über diese Leute nach ihrer Verhaftung nicht geändert?« So eine Frage! Er ist doch Kommunist! Wie hätte er da seine Meinung nicht ändern müssen?... Er hat sie geändert. »Und Sie haben Ihre Tochter in der Kirche taufen lassen?« Da kann er voller Entrüstung antworten: »Verleumdung, nichts als Verleumdung!« Sie haben die Anschuldigungen zu weit getrieben. (Niemand hat Ära getauft.)

Auf den Parteiversammlungen tobten jetzt alle möglichen Lästermäuler herum. Wieder warf man ihm zu große Schärfe (als ob das für einen Kommandeur ein Fehler wäre!), Härte und Grobheit vor. Er kenne keine Nachsicht (anders wäre es doch überhaupt kein Dienst!). Sogar *feindselige Einstellung gegenüber der Kadererziehung* wollte man ihm ankreiden. Er lasse wertvolle Kader »einfrieren«, verhindere ihre Beförderung. (Nun ja, diese bösen Zungen hatte er tatsächlich nicht befördert. Manche verleumdeten allerdings nicht aus Bosheit, sondern nur, um sich im voraus weißzuwaschen.) Aber auch hier gelang es ihm zurückzuschlagen.

Dann ereilte ihn eine neue Not: die Beförderung

zum Korpskommandeur. Im Militärbezirk Weißrußland waren schon fast alle Korpskommandeure verhaftet. Seine Beförderung war also kein Schritt zur Erhöhung, sondern zur Vernichtung. Ohne jeden Krieg, ohne einen einzigen Säbelhieb direkt in den Untergang? Die Beförderung abzulehnen war unmöglich.

Ihn rettete nur, daß gerade eben, just in diesem Moment, die Verhaftungen eingestellt wurden. (Nach dem XX. Parteitag* erfuhr er, daß 1939 im Militärbezirk Weißrußland tatsächlich ein »Fall Schukow« vorbereitet worden war.)

Plötzlich wurde er dringend nach Moskau befohlen. Nun ja, das ist das Ende, dachte er, ich werde verhaftet. Doch nein! Jemand hatte Stalin empfohlen, Schukow zur Feuertaufe nach Chalchin-Gol* zu schicken. Und die strikte Durchführung des Befehls »um jeden Preis« erwies sich als erfolgreich. Schukow warf die Panzerdivision vor, ohne auf Artillerie und Infanterie zu warten. Zwei Drittel gingen in Flammen auf, aber es gelang, den Japanern tüchtig einzuheizen! Genosse Stalin persönlich merkte sich ihn, besonders im Vergleich mit dem folgenden so dilettantisch geführten Krieg gegen Finnland*. Man mochte glauben, in Finnland kämpfe nicht dieselbe Rote Armee. Stalin merkte sich ihn für die Zukunft. Unmittelbar nach dem finnischen Krieg wurde Schukow von Stalin empfangen und zum Kommandeur des Militärbezirks Kiew ernannt. Ein mächtiger Posten!

Doch schon nach einem halben Jahr kam ein neuer Befehl: Er hatte den Militärbezirk an Kirponos abzutreten und selbst nach Moskau zu kommen. Kaum zu glauben – als Chef des Generalstabs! (Und das nur wegen Chalchin-Gol.)

Schukow weigerte sich aufrichtig: »Genosse Stalin, ich habe noch nie mit Stabsarbeit zu tun gehabt, nicht einmal auf niedrigster Stufe.« Und plötzlich Generalstabschef? Mit seinen fünfundvierzig Jahren besaß er keinerlei militärisch-akademische, operativstrategische Ausbildung. Wie sollte ein redlicher, schlichter Kavallerist mit einem Generalstab zurechtkommen? Noch dazu bei der modernen Vielseitigkeit der Waffengattungen und der Technik?

Doch davon ganz abgesehen, hatte er Angst. Er wußte, daß die Generalstabschefs zweimal im Jahr wechselten. Ein halbes Jahr lang war es Schaposchnikow gewesen, ihm folgte Merezkow, jetzt war Merezkow abgesetzt, angeblich verhaftet, und nun wollte man ihn?... (Das gleiche Bockspringen herrschte übrigens auch in der Operationsabteilung des Generalstabs.)

Es half nichts. Er mußte den Posten annehmen. Außerdem wurde er noch Kandidat für die Mitgliedschaft im Zentralkomitee der Partei. Welch ein Vertrauen!

Von diesem Empfang bei Stalin blieb ein sehr warmer, schmeichelhafter Eindruck in Schukow haften.

Nun, und hier liegt die Hauptschwierigkeit für einen Memoirenschreiber (sollte er es nicht überhaupt aufgeben?...) *Wie* sollte ein General über das Haupt der Regierung, über den Generalsekretär der Partei und bald auch Generalissimus, Obersten Befehlshaber, schreiben? Ein General, der im Zweiten Weltkrieg oft und viel mit ihm bei sehr verschiedener Stimmungslage in Berührung gekommen war, der sogar sein unmittelbarer Stellvertreter wurde? Für den Teilnehmer jenes Krieges ist es unglaublich, wie man den Generalissimus derart entthronen konnte, ihn mit blöden Lügenmärchen geradezu bespuckt hat: »Er befehligte die Fronten auf dem Globus...« (Allerdings, im Raum neben seinem Arbeitszimmer stand ein großer Globus, es hingen aber auch Karten an der Wand, und für die Arbeit lagen noch andere auf dem Tisch ausgebreitet. Und der Generalissimus ging mit der Pfeife in der Hand von einer Zimmerecke zur anderen, trat an die Karten heran, um das Vorgetragene besser zu verstehen oder auf Erforderliches hinzuweisen.)

Zum Glück war der freche Hauptschwätzer inzwischen selbst mit Pauken und Trompeten fortgejagt worden*.

Und vielleicht, ganz allmählich nach und nach wird die Achtung vor dem Generalissimus wiedererstehen. Doch der damals entstandene Schaden ist nicht wiedergutzumachen.

Und du hast, wenn man von den Mitgliedern des Politbüros absieht, so eng mit ihm zusammengearbeitet wie niemand sonst, professionell. Da hatte es auch bittere Minuten gegeben. (Wenn Stalin zürnte, war er nicht wählerisch in seinen Ausdrücken, er konnte einen gänzlich unverdient beleidigen; da brauchte man ein dickes Fell. Klopfte er die Pfeife aus, war dies das sicherste Zeichen für sehr schlechte Laune, dann mußte man um den eigenen Kopf bangen.) Aber es gab auch Augenblicke herzlichen Vertrauens.

Wie soll man über all das ehrlich und würdig schreiben? Hinzu kommt noch, daß die enge Zusammenarbeit in den angespannten – und trügerischen – Vorkriegsmonaten sie auch in gemeinsamer Verantwortlichkeit verband. Hatte der Generalissimus sich getäuscht? Hatte er Fehler gemacht? Sich verrechnet? Warum hast du ihn dann nicht korrigiert? Ihn nicht gewarnt – auch um den Preis des eigenen Kopfes? Hast *du* denn gar nicht gesehen, daß entsprechend dem in den dreißiger Jahren angenommenen gebieterischen Dogma »nur Angriff« in allen Manövern, auch im Jahr 1940/41, die angreifende Seite stets absichtlich in überlegener Stellung postiert wurde? Mit Verteidigung hatte man sich kaum befaßt und schon gar nicht mit Rückzügen und Einkesselung. Das war niemandem eingefallen – und dir auch nicht? Du hast eine *derartige* Konzentration der deutschen Streitkraft zugelassen! Es flogen doch immerzu deutsche Flugzeuge über sowjetisches Territorium. Stalin glaubte Hitlers Entschuldigungen, es handle sich um junge, unerfahrene Piloten. Dann, plötzlich, entbrannte 1941 in den Deutschen der Wunsch, auf unserer Seite der Grenze nach deutschen Soldatengräbern aus dem Ersten Weltkrieg zu suchen. Na bitte, sollen sie ruhig suchen... Dabei ging es doch um nichts anderes als um militärische Aufklärung! Doch damals hatte Schukow gemeint, es gebe auf Erden keinen Erleuchteteren, tiefer und weiter Sehenden als Stalin. Und wenn Er bis zum letzten Augenblick hoffte, der Krieg gegen Hitler lasse sich vermeiden, konntest du nicht, und sei es dein Todesschrei, aufschreien: »Nein!«

Wer fühlte sich damals nicht gehemmt bei dem schon aus der Ferne gewitterdrohenden Namen Stalin? Und Empfang bei Ihm – das war jedesmal ein Gang wie zum Jüngsten Gericht. (Trotzdem hatte Schukow bei Stalin die Freilassung Rokossowskijs aus dem Lager erbeten und erreicht.) Gehemmt fühlte Schukow sich auch noch durch die eigene Unsicherheit in strategischen Fragen, durch seine Deplaciertheit in der Rolle des Generalstabschefs. Und dann die völlig unberechenbaren Launen des Generalissimus. Nie konnte man im voraus wissen, weshalb man zu ihm befohlen wurde. Und wie sollte man mit Bestimmtheit auf Fragen antworten wie: »Was schlagen Sie vor?« »Wovor haben Sie Bedenken?« Die Vorträge hörte er sich nur oberflächlich an, irgendwie geringschätzig. Dagegen teilte er vieles dem Generalstabschef nicht mit, wovon er andere informierte. Schukow war für ihn die erfolgreiche Feuerwehr, die er bei Bedarf alarmierte.

Der Krieg begann. In diesen ersten Stunden seiner eigenen ungeheuren Verstörtheit, die er nicht verbergen konnte – erst vier Stunden nach Kriegsbeginn wagten sie es, den Befehl zur Gegenwehr an die Militärbezirke zu geben, da war es schon zu spät –, schleuderte es den Generalstabschef nach Kiew, um dort die Situation zu retten (... »hier kommen wir auch ohne Sie aus«). Doch das gesamte Oberkommando wurde aufs Geratewohl geführt. Nach drei Tagen zog es Schukow nach Moskau zurück, man mußte, wie sich zeigte, nicht den südwestlichen, sondern den westlichen Frontabschnitt retten. (Stalin brach in den Klageruf aus: »Was soll man in dieser Situation bloß tun?«) Schukow verstand es, Ratschläge zu geben, unter anderem den, Divisionen aus nichtwaffentragenden Bürgern aufzustellen. Viele Leute lungerten müßig herum. Sie über das Wehrbezirkskommando einzuberufen würde zu lange dauern. Und Stalin befahl sogleich die Mobilmachung der Volkswehr.

Der spürbare Wankelmut Stalins ermutigte Schukow, ihm Ratschläge von großer Tragweite zu erteilen. Ende Juli wagte er den Vorschlag, Kiew aufzugeben und hinter den Dnjepr zurückzugehen, dort große Streitkräfte in Sicherheit zu bringen und vor Einkesselung zu bewahren. Stalin und Mechlis putzten ihn herunter: Kapitulantentum! Und sofort wurde Schukow als Generalstabschef abgesetzt. Er erhielt den Befehl, die Deutschen bei Jeljna in die Enge zu treiben. (Es hätte auch schlimmer kommen können. In diesen Wochen wurden Dutzende von berühmten Generalen, die im Spanischen Bürgerkrieg erfolgreich gekämpft hatten, erschossen, Merezkow jedoch kam plötzlich wieder frei.)

Bei Jeljna gab es ein fürchterliches Gemetzel, keineswegs eine von hohen Stabsüberlegungen gelenkte Operation; dennoch gewann Schukow binnen einer Woche die Oberhand. (Natürlich wäre es vernünftig gewesen, diesen Jeljna-Bogen abzuriegeln und einzukreisen, doch damals fehlte uns dazu noch die Zuversicht.)

Kiew mußte aufgegeben werden, aber immerhin mit einem gewaltigen »Sack« Gefangener. (Wie viele damals allein Wlassow 500 Kilometer weit ins Land geführt hat, daran darf man heute nicht erinnern.) Hätte man Schukow das Kommando über die Südwestfront übertragen, vielleicht wäre es dann auch ihm beschieden gewesen, sich wie Kirponos zu erschießen.

Es geschah etwas Erstaunliches: Anfang September ließ Stalin Schukow rufen, gab zu, daß dieser mit Kiew im Recht gewesen war... Und nun diktierte er einen allerstrengst geheimen Befehl, zwei Nullen, zweimal 19: Aus den Regimentern des NKWD sind *Sperrabteilungen* aufzustellen, die in unseren rückwärtigen Linien das Feuer auf Zurückweichende zu eröffnen haben. (Na, so was! Und wenn die nicht wie angenagelt stehenbleiben und einfach davonrennen?) Danach erhielt Schukow den Befehl, das abgeschnittene Leningrad zu retten; den von ihm geretteten Mittelabschnitt mußte er anderen übergeben. Die ganze Zeit über war Schukow Mitglied des Großen Hauptquartiers (Stawka) geblieben und hatte viel von den strategisch ausgebildeten Militärs lernen können, von Schaposchnikow, Wassilewskij und Watutin. (Und er wollte lernen, mußte es unbedingt.) Er verdankt ihnen viel. Doch unabhängig davon war es stets Schukow, der an besonders gefährdete Abschnitte als Hauptschild oder als Sturmbock oder als Barriere geworfen wurde.

Stalin war strategisch und operativ völlig ungebildet, er hatte nicht die geringste Ahnung vom Zusammenwirken der Waffengattungen (nur ganz wenig hatte er aus dem Bürgerkrieg behalten). Da konnte es in den ersten Kriegswochen gar nicht ausbleiben, daß er falsche Befehle gab, Fehler beging, später wurde er vorsichtiger. Boris Michajlowitsch Schaposchnikow, jetzt wieder Generalstabschef, war der einzige, den Stalin mit Vor- und Vatersnamen anredete, der einzige, dem er erlaubte, in seinem Arbeitszimmer zu rauchen. (Allen anderen gab er kaum jemals die Hand.)

Unvergleichlich viel höher als alle Heerführer schätzte Stalin die Mitglieder des Politbüros, erst recht so einen Liebling wie Lew Mechlis (ehe der den Aufmarschplatz der Ostkrim vollständig verloren hatte). Es kam oft vor, daß Stalin zu einem General, der dem Politbüro Vortrag gehalten hatte, anschließend sagte: »Gehen Sie einstweilen, wir werden uns hier beraten.« Gehorsam ging der General hinaus und erwartete die Entscheidung über das Schicksal seines Projekts oder gar seines Kopfes. Diese Behandlung hatte absolut nichts Beleidigendes. Wir alle sind Kommunisten, aber die Politbüromitglieder sind die höchststehenden, höher als selbst Schtscherbakow. Da ist es ganz natürlich, daß sie ohne uns entscheiden. Stalins Zorn auf das eine oder andere Mitglied des Politbüros war nie langanhaltend, geschweige denn endgültig. Als Woroschilow den Krieg gegen Finnland verdorben hatte, war er eine Zeitlang kaltgestellt gewesen, doch schon nach Hitlers Überfall wurde ihm die ganze Nordwestfront anvertraut, die er ebenfalls – wie Leningrad – verlor. Wieder wurde er abgesetzt, doch schon bald gehörte der glückliche Marschall erneut zu Stalins engster und vertrautester Umgebung. Nicht anders erging es den beiden Semjons, Timoschenko und dem finsteren Budjonnyj, der den Südwesten und die Reservefront verloren hatte. Sie alle blieben Mitglieder der Stawka, in die Stalin damals Wassilewskij und Watutin noch nicht aufgenommen hatte, und natürlich blieben sie Marschälle. Schukow aber erhielt den Marschallstab nicht, weder für die Rettung Leningrads noch für die Rettung Moskaus, nicht einmal für den Sieg von Stalingrad. Welchen Sinn hatte so ein Titel überhaupt, wenn doch Schukow ohnehin besser als alle Marschälle schaltete und waltete? Erst nach dem Ende der Leningrader Blockade wurde er plötzlich zum Marschall ernannt. Es war kränkend und mehr als das. Weshalb hatte Stalin ihm den Titel bisher nicht gegeben? Damit er sich noch mehr anstrengte? Oder hatte der Generalissimus befürchtet, wenn er Schukow zu früh erhöhte, würde der sich ihm nicht mehr unterordnen? Eine ganz und gar grundlose Befürchtung. Der Generalissimus kannte die aufrichtige Soldatenseele seines Schukow nicht. Woher hätte er sie auch kennen sollen? Während des ganzen Krieges war er kein einziges Mal an der Front gewesen. Nie hatte er auch nur mit einem einzigen Soldaten gesprochen. Befiehlt er dich zu sich, fliegst du von weither heran, und nach dem wochenlangen Frontlärm ist die Stille im Kremlkabinett oder beim Mittagessen in Stalins Datscha bedrückend.

Eins aber sollte man unbedingt von Stalin lernen: Mit Interesse hörte er sich an, welche Menschenverluste der Gegner zu verzeichnen hatte, und *fragte nie nach den eigenen.* Er winkte ab: »Es ist nun mal Krieg.« Auch die Zahlen der in Gefangenschaft Geratenen waren ihm gleichgültig. Fast einen Monat lang erlaubte er nicht, den Fall von Smolensk bekanntzugeben. In der Hoffnung, die Stadt zurückzugewinnen, jagte er immer neue Divisionen in den Untergang. Aus diesem Verhalten hatte Schukow gelernt: Wer vorher die möglichen Verluste berechnet und nachher die tatsächlichen zählt, wird niemals ein Heerführer. Ein Heerführer darf sich nicht von schwächlichem Mitleid beeinflussen lassen, und von Verlusten soll er nur die Ziffern kennen, aus denen hervorgeht, wieviel Reserve zur Auffüllung benötigt wird und in welcher Frist. Aber den Proporz der Verluste bei irgendeinem kleinen Jeljna-Vorstoß soll er nicht ausrechnen.

Die so gewonnene Härte verstand Schukow all seinen untergeordneten Generalen als fachliche Qualität beizubringen. (Und die hundertzüngige Fama wußte ihm zum Ruhm: Stahlhart! Eiserner Wille! Kinn und Brust raus! Eine Stimme wie Metall. Könnte man sonst so ein Ungetüm lenken?)

Auf *diese* Weise bewahrte Schukow Leningrad im September 1941 (für eine Blockade von neunhundert Tagen...). Und am Tag, nachdem Guderian Orjol eingenommen hatte (3.10.1941), wurde Schukow wieder zu Stalin befohlen, dieses Mal, um Moskau zu retten.

Keine vierundzwanzig Stunden später steckten die Unseren in dem riesigen Kessel von Wjasma, mehr als eine halbe Million … eine Katastrophe. (Stalin wollte Konjew wegen des Zusammenbruchs der Westfront vor Gericht stellen. Schukow verteidigte ihn und rettete ihn vor Stalins Zorn.) Alle Straßen zur Hauptstadt lagen nun offen vor dem Feind. Ob Schukow selbst glaubte, Moskau könnte standhalten? Da keine Hoffnung bestand, die Verteidigung am Bogen Moshajsk – Malojaroslawez zu halten, bereitete er die Verteidigung der Linie Klin – Istra – Krasnaja Pachra vor. Er raffte all seine unerschütterliche Willenskraft zusammen (besaß Stalin keine Willenskraft? Mehrmals brach er zusammen; im Oktober murmelte er etwas vom Nutzen des Friedens von Brest-Litowsk und wie es wäre, mit Hitler einen Waffenstillstand zu schließen …), warf sich auf einen Wink des Schicksals in die unmittelbare Nähe seines Kalugaschen Heimatdorfes, ließ Mutter, Schwester und die Neffen fortbringen, zog Kräfte buchstäblich aus dem Nichts zusammen; und nach fünftägigen Kämpfen bei Juchnow, Medyn und Kaluga hatte er das Vordringen der Deutschen gebremst.

Aus Moskau waren zu dieser Zeit bereits zwölf

Divisionen nicht regulär eingezogener Volkswehr nach Westen marschiert (und teils vom Smolensker Kessel, teils vom Wjasma-Kessel verschluckt worden).

Im Herbstschmutz versinkend, hob eine Viertelmillion von Frauen und Halbwüchsigen drei Millionen Kubikmeter schwerer, nasser Erde aus und schaufelte Schützengräben, während der Atem der anrückenden Front sie schon mit Katastrophenmeldungen versengte. Am 13. Oktober begann die Evakuierung der Diplomaten und der zentralen Behörden. Wer nicht evakuiert wurde, floh ebenfalls, und, beschämend zu sagen, auch Kommunisten aus den Moskauer Rayonkomitees ließen sich von der hemmungslosen Panik des 16. Oktober anstecken, als alle die Hauptstadt für aufgegeben hielten.

Eins wird ewig ein Rätsel bleiben: Warum gab der Generalissimus in dieser entsetzlichen, entscheidenden Woche kein Zeichen von sich, ließ kein Wort verlauten? Nicht ein einziges Mal befahl er Schukow zu sich, rief ihn auch nicht ans Telefon. Selbst anzurufen wagte Schukow nicht. Und es bleibt auch ein Rätsel, *wo* Stalin sich Mitte Oktober aufhielt. Aller Wahrscheinlichkeit nach tauchte er erst Ende des Monats wieder auf, als Schukow, Rokossowskij (auch Wlassow, ja) die Deutschen im Bogen Wolokolamsk – Naro-Fominsk aufhielten. Anfang November ließ Stalin sich am Telefon vernehmen und verlangte einen sofortigen Gegenschlag durch den ganzen Umfassungsring hindurch, er wollte unbedingt zu den Oktober-Feiertagen einen Sieg vorweisen. Ohne Schukows Einwände anzuhören, knallte er den Hörer auf die Gabel, wie er es häufig tat, einfach um dir die Seele zu zermalmen.

Ein sofortiger Gegenangriff war bei unseren schwachen Kräften absolut aussichtslos. Schukow dachte gar nicht daran. Die Deutschen aber waren selber erschöpft und hielten vorübergehend an. Und als sei dies eine Kleinigkeit, fragte Stalin Schukow telefonisch: Kann man nicht für die Parade auf dem Roten Platz am 7. November ein paar Einheiten von der Front abziehen?

Und jetzt sitzt du hier auf der Veranda mit dem Blick auf die ruhige Moskwa, auf jenes Wiesenufer von Serebrjanyj bor*, den vom Fluß umplätscherten Strand und denkst nach. Wie? *Über all das* soll man schreiben? Kann man es überhaupt?

Schwierig.

Doch ein Kommunist muß es können. Denn dem Kommunisten leuchtet die nie verlöschende Wahrheit. Und du hast immer und in allen Dingen danach gestrebt, ein beispielhafter Kommunist zu sein.

Also fängst du ganz von vorne an. Wir waren in jenen frühen Jahren alle schwach in marxistisch-leninistischer Theorie. Dir bereitete ihr Studium große

Mühe. Erst später hast du die organisierende Rolle unserer Partei tiefer begriffen. Und was das Gehirn der Roten Armee betrifft: Das Hirn der Roten Armee war seit den Tagen ihrer Gründung das Zentralkomitee der Allrussischen Kommunistischen Partei. Leider befaßt sich die heutige Jugend nicht gründlich mit den Ziffern, die beweisen, welch strahlendes Zeugnis das Tempo der Vorkriegsentwicklung unserer fortschrittlichen Ordnung liefert. Natürlich konnte die Industrialisierung nur auf Kosten der Massengebrauchsgüter durchgeführt werden. (Nein, noch früher mußt du anfangen, in der Jugend: Armut und Elend des russischen Dorfes zur Zarenzeit. Die Kulaken saugten die Dorfarmen aus. Ist das etwa die Unwahrheit? Es ist die Wahrheit.)

Dann das unheimliche Jahr 1937. Du selbst verstehst es und mußt andere daran erinnern: Die unbegründeten Verletzungen der Gesetzlichkeit entsprachen nicht dem Wesen unserer Staatsordnung. Das sowjetische Volk glaubte der Partei und folgte ihr mit festem Schritt. Den Schaden verursachte prinzipienloses Mißtrauen einiger führender Funktionäre. Dennoch behielten die Überlegenheit der sozialistischen Ordnung und die Leninschen Prinzipien die Oberhand. Und das Volk bewies unvergleichliche Disziplin.

Und als der Krieg begonnen hatte? Wie entscheidend festigte es unsere Reihen, daß *Politkämpfer* in der Armee eingesetzt wurden! Kommunisten mit reicher Erfahrung in der Propaganda-Arbeit. Und dann die wichtige Direktive der Politverwaltung der Roten Armee: »Verstärkt die führende Rolle der Kommunisten!« Ja, daran muß man erinnern. Diese Direktive spielte eine gewaltig anfeuernde Rolle bei der zeitweise ungenügenden Widerstandskraft unserer Truppen. Und weshalb erwies sich unser Hauptquartier stärker als das Hitlers? Aus ebendemselben Grund: Unsere Stawka stützte sich auf den Marxismus-Leninismus. Und unsere Heere bewiesen unerhörte Durchhaltekraft. Sie standen eisern, so wie die Partei und die militärische Führung es von ihnen erwarteten.

Nebenbei, die deutsche Armee war hervorragend. Darüber wird bei uns entweder gar nicht oder abschätzig geschrieben. Doch gerade dadurch wird ja unser Sieg abgewertet.

Als die Deutschen Mitte Oktober anhielten, um ihre ausgedehnte Front zusammenzuziehen und die Kommunikation zu verbessern, war es auch für uns höchste Zeit, in einem engeren Verteidigungsring das gleiche zu tun: Konzentrierung von Streitkräften, Waffen, Munition und Verstärkung der Verteidigung. Dann hätten wir dem nächsten Schlag der Deutschen Mitte November vielleicht fast ohne zurückzuweichen begegnen können. Doch fixiert auf die unglückselige Idee, schleunigst zum 7. November einen Sieg zu erringen, forderte der Generalissimus erneut einen Gegenangriff, noch dazu an *jedem* Frontabschnitt der Linie Klin – Tula. Und wer hätte wagen können, dem Befehl zu trotzen? Zwar war Schukow mittlerweile schon mutig genug, zu widersprechen, zu argumentieren, doch der Generalissimus hörte gar nicht zu. So mußten völlig unvorbereitete, schlecht bewaffnete Divisionen in den Kampf geworfen werden. Wir vergeudeten absolut nutzlos zwei wertvolle Wochen mit ergebnislosen Gegenangriffen, die keinen Kilometer einbrachten, uns aber die letzten Kräfte raubten. Am 15. November begannen die Deutschen mit der zweiten Etappe ihres Angriffs auf Moskau, am 18. November ging Guderian bei Tula vor, nahm Uslowaja, zog auf Kaschira und gleichzeitig gegen Michajlow, Gebiet Rjasan. Er wollte Moskau von Osten her umfassen. Das wäre das Ende gewesen.

Am 20. November rief Stalin in großer Sorge Schukow ans Telefon. In ungewöhnlichem Ton, die Stimme brach, fragte er:

»Sind Sie überzeugt, daß wir Moskau halten? Ich frage Sie mit schmerzerfüllter Seele. Antworten Sie mir ehrlich, als Kommunist.«

Es erschütterte Schukow, daß Stalin nicht imstande war, seine Furcht und seinen Schmerz zu verbergen, dies auch gar nicht versuchte, sondern sich seinem Heerführer anvertraute. Schukow nahm all seinen wirklich eisernen Willen zusammen und erwiderte, als schwöre er es Stalin, schwöre es der Heimat und sich selbst: »Wir halten stand!«

Nach genauer Berechnung der Tage nannte Schukow als mögliches Datum für einen Gegenangriff den 6. Dezember. Sofort versuchte Stalin zu handeln, er wollte den 4. Dezember (nicht weil er irgend etwas berechnet hätte, sondern weil dies der Tag der Konstitution war*.)

Vorläufig brachte jeder Tag neue Niederlagen. Die Deutschen nahmen Klin, nahmen Solnetschnogorsk, überquerten bei Jachroma den Moskwa-Wolgakanal und öffneten sich damit den Weg ins östliche Moskauer Umland. Bei uns herrschte heilloses Durcheinander, es gab keine militärischen Einheiten mehr, nur noch Zufallsgruppen von Soldaten und Panzern.

Und der Wille zu glauben, es werde nicht alles zusammenbrechen, wir würden standhalten, war fast erlahmt. (In diesen Tagen der Schlacht um Moskau schlief Schukow höchstens zwei Stunden. Molotow, der ihm telefonisch mit Erschießung drohte, erteilte er eine freche Antwort.)

Und da gab ein Anruf Stalins ihm schier den Rest.

»Ist Ihnen bekannt, daß Dedowsk gefallen ist?«

»Nein, Genosse Stalin, das ist mir nicht bekannt.«

Stalin mit bösem Spott:

»Ein Kommandierender sollte wissen, was an seiner Front vorgeht. Fahren Sie sofort selber hin und holen Sie Dedowsk zurück!«

Er sollte seinen Gefechtsstand verlassen, die Verbindung zu allen Truppen, zur gesamten Kampflinie aufgeben? In solchen Minuten? Nein, Stalin hat in diesem halben Jahr Krieg nichts dazugelernt. (Übrigens ging Schukow mit seinen Generalen auch nicht sanfter um. Nur so konnte man siegen.)

»Genosse Stalin, in einer derart angespannten Lage den Stab zu verlassen ist kaum ratsam.«

Stalin mit sarkastischem Auflachen:

»Macht nichts, wir werden hier auch ohne Sie irgendwie zurechtkommen.«

Das heißt, du bedeutest gar nichts, hast keinerlei Wert.

Schukow rief sofort Rokossowskij an und erfuhr von ihm, daß Dedowsk natürlich nicht gefallen war, sondern, wie Rokossowskij vermutete, das Dorf Dedowo, viel weiter entfernt.

Um mit Stalin zu diskutieren, brauchte man großen Mut. Doch in diesem Fall, so hoffte Schukow, werde sein Anruf den Generalissimus erleichtern und sogar erheitern. Stalin aber explodierte regelrecht und befahl Schukow, augenblicklich zusammen mit Rokossowskij nach Dedowo zu fahren und das Dorf zurückzuerobern. Sie sollten auch noch einen dritten Armeebefehlshaber mitnehmen.

Weiterer Widerstand kam nicht in Frage. Schukow suchte Rokossowskij auf, zu dritt fuhren sie in den Divisionsstab, um sich noch einmal zu vergewissern: Ja, die Deutschen haben ein paar Häuser des Dorfes Dedowo jenseits der Schlucht besetzt, die übrigen diesseits der Schlucht sind in unserer Hand. Es lohnte nicht, auf die Häuser drüben auch nur einen einzigen Schuß über die Schlucht abzufeuern. Aber vier hohe Generale machten sich daran, eine Operation auszuarbeiten und eine Schützenkompanie mit Panzern hinzuschicken.

Der Tag war für alle verdorben.

Trotz aller Widrigkeiten fand Schukow einen Weg, sämtliche Reserven rechtzeitig heranzuziehen und am 5. Dezember die verlangte große Offensive zu beginnen.

In wenigen Tagen trieb er den Ring der Deutschen um Moskau merklich zurück. Der Atem ging ihnen aus; sie hatten keine Kraft mehr, Moskau zu erobern.

Der Sieg donnerte. Es staunte und jubelte die ganze Welt. Mehr jedoch als die ganze Welt staunte der Generalissimus, er hatte offenbar keinen Augenblick daran geglaubt. Nun aber berauschte ihn der Sieg, und er wollte nichts davon hören, daß wir unsere letzten Reserven eingesetzt hatten, daß unsere Soldaten erschöpft waren, daß wir nur mit Mühe und Not das Eroberte würden halten können. Der triumphierende Stalin befahl in grenzenloser Tollkühnheit, schleunigst eine allgemeine große Offensive *aller* Streitkräfte vom Ladogasee bis zum Schwarzen Meer zu beginnen, Leningrad zu befreien, auch Orjol und Kursk, und zwar alles auf einmal!

Es verstrichen Monate – Januar, Februar, März – dieser unerträglichen und unnötigen Überlastung unserer abgequälten Truppen, die diesen rosigen Traum Stalins verwirklichen sollten. Doch wir verloren, verloren, verloren Zehn- und Hunderttausende in sinnlosen Attacken. (Dazu gehörte auch Wlassows 2. Stoßarmee, die in die nordwestlichen Sümpfe gejagt und dort hilflos im Stich gelassen wurde. Aber darüber wird niemals irgend jemand ein Wort verlauten lassen. Am besten vergißt du es ebenfalls. Schließlich wurde Wlassow später zum Verräter.) Es kam so weit, daß die Geschütze täglich nur einen oder zwei Schuß abgeben konnten.

Nirgendwo gelang auch nur eine Kleinigkeit, lediglich das Bild des Moskauer Sieges wurde verdunkelt. Einen einzigen bemerkenswerten Erfolg konnten wir allerdings doch verbuchen, den ausgerechnet Schukows Westfront errungen hatte. Sofort zog Stalin die 1. Stoßarmee von dieser Front ab. Schukow telefonierte, glaubte mit der Erfolgsperspektive den Generalissimus überzeugen zu können. Stalin aber ließ sich auf kein Gespräch ein, schimpfte unflätig und warf den Hörer auf die Gabel.

Um mit Stalin auszukommen, bedurfte es hoher Kunst, gewiß keiner geringeren, als es die Kriegskunst ist. Oft und oft schnaubte der Generalissimus, befleißigte sich wüstester Ausdrücke, ehe er den Hörer auf die Gabel schmetterte. (Doch befiehlt er dich von einem weit entfernten Frontabschnitt in den Kreml, hast du innerhalb von 24 Stunden anzutanzen, einerlei ob du zufällig krank bist, hohes Fieber hast, ob das Flugwetter indiskutabel ist. Flüge zum Generalissimus dürfen sich nicht um lumpige zehn Minuten verspäten. Um es darauf nicht ankommen zu lassen, landeten sie einmal bei dichtem Nebel in Moskau und streiften dabei beinahe mit einem Flügel einen Fabrikschornstein.)

Doch auf unbegreifliche Weise wurden Stalins Fehlleistungen stets von der Geschichte gedeckt und repariert.

Und das lag ganz offensichtlich an der Überlegenheit unserer Staatsordnung, unserer Ideologie. Ihr hatte der Feind nichts entgegenzusetzen. Es ist angebracht zu wiederholen: Das Zentralkomitee der Partei hatte verlangt, die parteipolitische Arbeit zu intensivieren und zu vertiefen; das spornte den Massenheroismus der Kommunisten und Komsomolzen an, und das ganze Volk schloß sich fester um die Partei zusammen.

Schukow war auch gar nicht böse auf Stalin. Auf Ihm lastete ja nicht nur die Front, sondern auch die gesamte Industrie, die Er in ehernen Händen hielt. Und außerdem das ganze große Land.

War es eine Untugend Stalins oder im Gegenteil ein Vorzug, daß er es nicht liebte, seine Entscheidungen zu revidieren? Alle von ihm geforderten Gegenangriffe des Winters 1941/42 scheiterten. Das Landeunternehmen von Mechlis auf Kertsch ertrank in Blut (doch da Stalin es selbst befohlen hatte, wurde niemand ernstlich bestraft). Trotz all dieser Fehlschläge beabsichtigte er unglücklicherweise im Mai, ohne auf die Einwände der Generalstäbler zu hören, Charkow zurückzugewinnen, dabei vergeudete er fruchtlos alle Reserven und Verstärkungen. Im Frühsommer 1942 begannen die zu Kräften gekommenen Deutschen ihre große Offensive (nicht auf Moskau, wie Stalin erwartet hatte). Ein anderer Stalin-Liebling – nämlich Golikow, der 1937 Schukow über seine Beziehungen zu Volksfeinden verhört hatte – hätte Woronesh fast aufgegeben. Die deutsche Lawine wälzte sich an den Don und darüber hinaus in den Nordkaukasus und hatte im September bereits die Pässe besetzt. Da erst erkannte Stalin, daß er an den Mißerfolgen des Jahres 1942 selbst die Schuld trug, daher suchte er nicht nach schuldigen Generalen. Ende August ernannte er Schukow (immer noch nicht Marschall) zum Stellvertreter des Generalissimus; wieder bekannte er offen seine Sorgen:

»Stalingrad könnte verloren gehen.«

Also entsandte er Schukow dorthin. (Als Stalin jedoch einige Tage später erfuhr, daß der nächste Gegenangriff auf den 6. September angesetzt war und nicht auf den 4., da knallte er wieder den Hörer auf die Gabel und ließ ein drastisches Telegramm folgen:

»Verzögerung ist ein *Verbrechen.*«

Doch dann, und es war das erste Mal, faßte Stalin sich in Geduld. So erhielten Schukow und der kluge Wassilewskij eine Frist von zwei Monaten, um detailliert einen gewaltigen Einkreisungsplan auszuarbeiten (und auch Stalin dazu zu bringen, die Großartigkeit des Plans zu erkennen), es blieb ihnen Zeit, die Streitkräfte systematisch zusammenzuziehen, die Befehlsstellen vorzubereiten, koordiniert vorzugehen. Und Stalin, seiner Fehler eingedenk, blieb friedlich, behinderte sie nicht. So glückte der große Sieg von Stalingrad.

Auch etwas anderes war geglückt, was vielen unbekannt blieb. Eins hatte Schukow ja nie gelernt, es mußte wohl in ihm gesteckt haben: Strategie. Hier, vor Stalingrad, in der konzentrierten Überwindung des Feindes, war Schukow zum Strategen geworden. Ein anderer Schukow war geboren, ein Schukow, den er bisher nicht gekannt hatte. Jetzt besaß er den durchdringenden Weitblick des Gegners, und jetzt konnte er mit Hirn und Herz alle Kräfte der eigenen

Seite gleichzeitig erfassen – in ihrem Bestand, ihrer Mannigfaltigkeit, ihren Möglichkeiten, den Qualitäten ihrer Generale. Er besaß die Sicherheit des Hochflugs, hatte jene Übersicht gewonnen, an der es ihm bislang gefehlt hatte.

Um so kränkender war es, Jahre später Jerjomenkos Lügen lesen zu müssen, er, Jerjomenko, habe zusammen mit Chruschtschow die Stalingrader Operation ausgearbeitet. Auf Schukows direkte Frage: »Wie konntest du bloß?« kam die Antwort: »Chruschtschow hat mich darum gebeten.«

Nach Jerjomenko hatte Tschuikow aufgetrumpft. Er war damals lediglich einer unter anderen kommandierenden Generalen der Stalingrader Armeen gewesen, nun schrieb er das gesamte Verdienst der drei Fronten sich allein zu. Den in Ungnade gefallenen Schukow trat er mit Füßen, behauptete, der »habe nichts als Verwirrung gestiftet«. Schukow brannte das Herz, wieder erlitt er einen Infarkt. Er rief Chruschtschow direkt an, fragte, wie es möglich sei, eine derartige Lüge zu pulizieren? Der Maisbauernzar versprach einzuschreiten. (Was sind denn schon diese Tschuikow-Memoiren? Er hat doch offenbar gar nichts Eigenes zu sagen gehabt, hat nur Episoden aus Front- und Armeezeitungen herausgepuhlt und auf sich bezogen.)

Nach dem Sieg von Stalingrad ging Schukow zusammen mit Wassilewskij zuversichtlich an einen neuen Plan, den zur Kursker Schlacht, mit einem ungeheuer verwegenen Entschluß: Sie werden sich mit dem Angriff *nicht* beeilen, die Offensive *nicht* beginnen, sondern Manstein eine Woche Zeit geben, sich mit unserer gut organisierten, viele Transportzüge umfassenden Verteidigung herumzuschlagen (ein abenteuerliches Vorhaben! Wenn es mißlang?), erst danach sollen die Deutschen von *unserem* Angriff überrascht werden, und zwar auf Orjol.

Dieser Plan erwies sich in seiner Schönheit, seiner Kraft und seinem durchschlagenden Erfolg als eine ebenso große strategische Leistung wie Stalingrad. Schukow wuchs und entwickelte sich als Stratege und war schon bald überzeugt davon, Hitler auch ohne die »zweite Front« der Alliierten schlagen zu können. Er, Schukow, war der Lenker dieses spürbar gewaltigen Strafprozesses und zugleich dessen Detail, der Prozeß selbst leitete ihn. (Bei Auseinandersetzungen mit Stalin gewann er immer mehr Standfestigkeit, er verbot dem Generalissimus sogar, ihn mitten in der Nacht anzurufen: Sie können bis zwei Uhr mittags schlafen, wir haben morgens zu arbeiten.)

Stalins Selbstbeherrschung hatte nicht lange angehalten. Schon als sich die Liquidierung des eingekreisten Paulus verzögerte, war er nervös geworden, drängte, schimpfte wieder in beleidigenden Ausdrücken. Und nach der Schlacht von Kursk ließ Er

Schukow keine Zeit, eine Operation zur Einkesselung auszuarbeiten, Er wollte den frontalen, unvorteilhaften Angriff, ohne zu berücksichtigen, daß auf diese Weise dem Gegner Streitkräfte erhalten blieben. Ihm kam es nur darauf an, daß die Feinde so schnell wie möglich von der sowjetischen Erde verschwänden, sei es auch lebendig. (Aber bei *jeder* Begegnung reichte Stalin jetzt Schukow die Hand, scherzte manchmal sogar.) Statt des Marschallstabs verlieh er ihm nacheinander den Suworow-Orden 1. Klasse, die goldenen Sterne des Helden der Sowjetunion, den ersten, den zweiten, den dritten. Und immer wieder schickte er ihn dorthin, wo es einen Mißerfolg auszuwetzen, eine Verzögerung zu beheben galt. (Einmal hatte Schukow sogar die Befriedigung, jenen Golikow als Frontkommandeur absetzen zu können.)

Dann kam der erfolgreiche Sprung über den Dnjepr, die Lawinenwalze bis Rumänien, bis Bulgarien. Und die Weißrussische Operation, bei der sich der Kessel von Bobruisk leicht ergab. Und wieder eine Lawine, dieses Mal durch Polen. Und weiter an die Weichsel, an die Oder.

Mit jeder dieser Operationen wuchs Schukow, gewann noch mehr Selbstvertrauen. An welchem Frontabschnitt er auch auftauchte, allein sein Name jagte den Deutschen Angst und Schrecken ein: Was wird an *dieser* Front jetzt passieren?

Er vermochte sich nicht einmal mehr vorzustellen, daß es für ihn unüberwindliche Hindernisse geben könnte. Auf Stalins Befehl hatte er das ausgebrannte Berlin zu erobern – was Hitler mit Moskau nicht gelungen war –, und zwar rasch, rasch! Er sollte es allein erobern, ohne die Alliierten! Schukow krönte den Krieg und auch sein eigenes Leben mit der Berliner Operation.

Berlin lag geographisch in fast gleichem Abstand zwischen uns und den Alliierten. Doch die Deutschen konzentrierten all ihre Abwehrkräfte gegen uns, es bestand die große Gefahr, daß sie sich den Alliierten einfach ergäben und sie nach Osten durchließen. Das mußte unbedingt verhindert werden! Die Heimat verlangte, daß wir Berlin eroberten, schnell, schnell! (Schukow hatte sich Stalins Forderung zu eigen gemacht. Auch er wollte den Sieg unbedingt bis zum Maifeiertag haben. Das gelang nicht.) Es blieb Schukow nichts anderes übrig, als wieder anzugreifen – Mann gegen Mann – und die Opfer nicht zu zählen.

Die Berliner Operation hatten wir zu bezahlen mit, sagen wir, 300000 Gefallenen. (Oder war es eine halbe Million?) Aber – sind vorher etwa wenige gefallen? Wer hat sie denn damals gezählt? Nachträglich darauf herumzuhacken bringt nichts. Natürlich war es unseren Landsleuten schwer, Väter, Männer und Söhne zu verlieren, aber sie alle haben die unvermeidlichen Opfer tapfer ertragen, denn alle wußten: Die Sternstunden des Sowjetvolkes werden kommen! Wer überlebt, wird den Enkeln erzählen, aber jetzt – vorwärts! (Nach dem Krieg haben die Alliierten aus purem Neid behauptet, nicht nur die Berliner Operation sei unnötig gewesen, sondern auch die gesamte Frühjahrsoffensive 1945. Hitler, so versichern sie, würde sich sowieso ergeben haben ohne die Offensive und ohne neue Schlachten, er sei schon dem Untergang geweiht gewesen. Und weshalb haben sie selbst dann den unnötigen Bombenangriff auf die offene Stadt Dresden unternommen?... Bei diesem Angriff sind 150000 Menschen verbrannt, noch dazu Zivilbevölkerung.)

Schukow war nur zu bereit, weiter zu kämpfen wie eine Maschine, sein strategischer Zugriff und sein auf Hochtouren laufender eiserner Wille verlangten geradezu nach Nahrung, nach Mahlgut. Doch mit einem Schlag änderte sich das ganze Leben. Wie ein Dampfer in voller Fahrt auf Sand aufläuft und festsitzt, saß er nun auf einer weichen, ehrenvollen Sandbank. Er war Oberkommandierender der sowjetischen Besatzungstruppen in Deutschland geworden. Die schlaflosen Nächte operativer Arbeit waren ausgiebigen, üppigen, trunkenen Banketten mit den Alliierten gewichen. (Sie waren erpicht auf Wodka und Kaviar.) Es bahnte sich etwas wie Freundschaft mit Eisenhower an (bei einem nächtlichen Bankett tanzte Schukow ihm »russisch« vor und unterwies ihn in dieser Kunst). Es folgte der Strom gegenseitiger Ordensverleihungen (ihre großen Orden mußte man sich auf den Bauch hängen). Statt der Kampfsorgen hatte er jetzt wirtschaftliche: Deutsche Industriebetriebe mußten demontiert und in die Sowjetunion überführt werden. Und natürlich mußte er das Leben der deutschen Bevölkerung erleichtern; wir haben viel für sie getan, unsere internationalen Gefühle ließen Rache nicht zu. Vieles haben uns auch Ulbricht und der jüngere Pieck erklärt. (Acht Jahre später war Schukow aufs höchste befremdet über den unerklärlichen Aufstand der Berliner Arbeiter. Wir hatten doch alle nazistischen Gesetze abgeschafft und allen antifaschistischen Parteien volle Freiheit gegeben.)

Schukows ganzer Stolz war es, im Juni 1945 auf weißem Roß die Siegesparade auf dem Roten Platz anzuführen. Stalin hatte es gern selbst gewollt, aber befürchtet, zu Pferde keine gute Figur zu machen. Doch er war ganz offensichtlich neidisch, man merkte es am Muskelspiel seines Gesichts. Einmal, ganz unvermittelt, hatte er Schukow bekannt: »Ich bin der unglücklichste Mensch. Ich fürchte mich sogar vor meinem eigenen Schatten.« Hatte er Angst vor einem Attentat? Schukow konnte diesem Geständnis nicht glauben.

Im Sommer fand die zeremonielle Potsdamer

Konferenz statt (in Berlin, das unsere Artillerie und unsere Luftwaffe vollständig zerstört hatten, gab es keine geeigneten Räumlichkeiten). Sorge bereitete uns das Problem, die Alliierten dazu zu bringen, den sowjetischen Organen unsere sowjetischen Bürger zu übergeben, auch jene, die unverständlicherweise nicht in die Heimat zurückkehren wollten. (Was hat das zu bedeuten? Wie ist so etwas möglich? Entweder haben diese Leute schwere Verbrechen begangen, oder sie gieren nach dem leichten westlichen Leben.) Wir mußten von den Alliierten strikt verlangen, daß sie beim Zusammentreffen mit diesen Menschen unsere Vertreter, Professionelle der Fahndung, zuließen. (Das waren sehr erfahrene Männer, die es in unserer Armee schon immer gegeben hatte, doch Schukow in seiner Höhe war früher nur selten mit ihnen zusammengekommen.)

Und vieles andere war zu regeln. Schukow erledigte alles, doch irgendwie schwunglos, wie im Schlaf. Niemals mehr wird er sich im Adlerflug hochschwingen zur Entschlüsselung der Absichten des Gegners und zur Konstruktion der eigenen Pläne.

Es war Zeit, diesen ehrenvollen und so langweiligen Posten in Berlin abzugeben, heimzukehren, die Sowjetarmee (nun nicht mehr die Rote Armee) zu erneuern und für mögliche künftige Konflikte neuer Kriegstechnik entsprechend zu stärken. Jetzt, nach dem Krieg, würde Stalin den Posten des Volkskommissars (nunmehr Ministers) für Verteidigung wohl nicht behalten, ihn vielmehr Schukow geben wollen. Und selbst wenn Stalin das Amt behielte, hätte Schukow als dessen Erster Stellvertreter das gesamte Militärwesen in seiner Hand.

Daher traf es ihn 1946 wie ein Schlag, als bei seiner Rückkehr aus Berlin nicht er zum Stellvertreter des Verteidigungsministers ernannt wurde, sondern der gänzlich zivile Bulganin. Und Stalin eröffnete Schukow auch noch, wobei er abwehrend seine die Pfeife haltende Hand schwenkte, um anzudeuten, er sei hier machtlos, Bulganin habe den Personalbestand des Ministeriums bereits festgelegt, darin sei kein Zweiter Stellvertreter vorgesehen.

Wie im Galopp vom Pferd gestürzt, so kam Schukow sich vor.

»Ja, aber trotzdem ... Aber ich? ...«

Was konnte Schukow schon Ihm gegenüber einwenden? Das hatte sich nicht Stalin ausgedacht. So würde Er nicht handeln, nach allem, was sie seit den Siegen im Krieg verband! Nach so vielen Begegnungen in Seinem Haus, bei der Arbeit, bei den Mittagessen zu zweit. Das hatte natürlich der doppelzüngige Bulganin ausgeheckt. (Ähnliche unerwartete, schlaue Wendigkeit mußte Schukow auch bei anderen »Mitgliedern des Kriegsrates« – das heißt den Leitern der Politverwaltungen von Front und Armee –

konstatieren, nachdem die großen Schlachten vorüber waren, vorher hatten sie hübsch still gehockt. So einer war auch der so treuherzig aussehende Chruschtschow.

Generalstabschef war jetzt Wassilewskij, das war vollkommen gerecht. Schukow wurde das Oberkommando über die Landstreitkräfte angeboten; das bedeutete, nicht nur ohne Marine und Luftwaffe, nicht nur ohne strategische Arbeit, sondern auch direkte Unterstellung unter Bulganin, ohne das Recht, sich unmittelbar an Stalin zu wenden. (So ordnete es der neue Stellenplan an.)

Ja, im Galopp und plumps auf die Erde. Das tat weh.

Wie damals, als er im Gouvernement Tambow aus dem Sattel gehauen worden war.

Dabei war Georgij Konstantinowitsch Schukow gerade erst fünfzig Jahre alt, war auf dem Höhepunkt seiner Kräfte und Fähigkeiten.

Er trauerte um seine kriegerische Vergangenheit...

Seine Verurteilung zu Untätigkeit erwies sich als ein Sumpf, tiefer und zäher, als er für möglich gehalten hatte. Das ganze Ausmaß seines künftigen Unglücks konnte er jedoch nicht voraussehen.

Als Stalin 1945 Schukow auf einer Kremlkonferenz vorgeworfen hatte, er schreibe alle Siege sich zu, verzichtete Schukow bereitwillig: *alle* habe er sich niemals zugeschrieben. Und als er dann im April 1946 bitter den hinterlistigen Schachzug Bulganins erleben mußte, begriff er sein Unglück auch noch nicht. Oberbefehlshaber der Landstreitkräfte blieb er nur einen Monat. Im Hauptkriegsrat wurde die Denunziation eines ehemaligen Adjutanten von Schukow verlesen (wie sich herausstellte, noch dazu eines verhafteten), ferner die des Generals Nowikow (auch er kürzlich verhaftet) und anderer verhafteter Offiziere. Sie behaupteten, Schukow habe eine Militärverschwörung geplant. So ein Wahnwitz! Welcher Kopf hatte das ausgebrütet? Zum Glück machten sich Rybalko, Rokossowskij und Wassilewskij sofort daran, Schukow zu verteidigen. Danke. Sie überzeugten Stalin, und Stalin schützte ihn vor Berijas Repressalien. Der Marschall wurde lediglich in den Militärbezirk Odessa versetzt.

Ein tiefer, schmerzhafter Fall, aber wenigstens nicht Gefängnis.

Konnte er, der für alle seine weltbewegenden Siege als einziger im ganzen Land viermal als Held der Sowjetunion ausgezeichnet worden war, mit eigener Hand in seinen Memoiren schreiben, daß er zum Kommandierenden eines Militärbezirks degradiert wurde? Die Feder sträubt sich. So eine Schmach vor der Geschichte, darüber muß man schweigen.

Doch auch dies war noch nicht der Gipfel seines Unglücks. Keine zwei Jahre vergingen, da wurde

General Telegin verhaftet, der gegen Kriegsende Mitglied des Kriegsrates unter Schukow gewesen war. (Viele Jahre später kam heraus, daß man Telegin alle Zähne ausgeschlagen hatte und daß er den Verstand verlor; auch Nowikow war gefoltert, dann aber freigelassen worden.) Jetzt war es Schukow klar, daß Berija es auf ihn abgesehen hatte, und er erlitt den ersten Infarkt.

Unangemeldet waren Berija und Abakumow in Schukows Datscha bei Moskau erschienen (ein Präsent Stalins für die Rettung Moskaus; dieselbe Datscha, in der er jetzt seine Memoiren niederschrieb), um die Aufbewahrung der Dokumentation zu überprüfen. Sie durchwühlten Schubladen, öffneten den Safe, fanden alte Operationskarten, von denen sie behaupteten, er hätte sie abliefern müssen – das dem Oberbefehlshaber! Anschließend unterzogen sie Schukow einem scharfen Verhör.

Nein, noch verhafteten sie ihn nicht. Stalin griff rettend ein! Es gab eine neue Strafversetzung, dieses Mal in den Militärbezirk Ural. Also kein grenznaher Militärbezirk. Es war genauso wie 1937 bei Tuchatschewskij, der in den Militärbezirk Mittelwolga verbannt worden war und schon im Zug verhaftet wurde. Das hatte nun auch Schukow zu erwarten, deshalb packte er ein Köfferchen mit etwas Wäsche und ein paar Toilettensachen.

Ruhm verweht wie nicht gewesen! Macht? Wie

nie gehabt! In Untätigkeit gestürzt, in zermarternde Untätigkeit mit all den unverbrauchten Kräften, dem Willen, dem Talent, dem reichen Schatz an strategischen Kenntnissen.

Manchmal bedrängte ihn der Gedanke, ob Stalin nicht doch die Absicht hatte, ihn zu erledigen. (Hatte er ihm das weiße Roß bei der Siegesparade nicht verziehen...?) Nein, nein, es war Berija, der Stalin getäuscht und Schukow verleumdet hatte.

Zu bedenken ist andererseits auch, daß sich in der Welt damals volksfeindliche Kräfte regten, für die es von Vorteil war, den Zustand des Kalten Krieges zu schaffen. In einem Kalten Krieg war ein Schukow allerdings völlig unbrauchbar.

Trotz allem wäre ihm in diesen Jahren gar nicht in den Sinn gekommen, sich hinzusetzen und seine Erinnerungen aufzuschreiben, so als habe er mit seinem Leben bereits abgeschlossen.

Und Stalin vergaß seinen verleumdeten und doch so getreuen Heerführer und Helden nicht. 1952 ließ er ihn zum XIX. Parteitag kommen und zum ZK-Kandidaten wählen. Er holte ihn nach Moskau zurück und wollte ihm ein höchst wichtiges Amt anvertrauen, wie es der auf dem Parteitag festgestellten neuen und komplizierten Situation entsprach.

Und plötzlich starb Er...

Ewiges Gedenken sei Ihm!

Jetzt aber wurde die Situation noch viel komplizierter. Berija wollte sich zum Häuptling machen. Und nicht nur er. Schukow wurde wieder Oberbefehlshaber der Landstreitkräfte und außerdem Erster Stellvertreter des Verteidigungsministers.

Es vergingen zwei Monate. Und da zeigte sich, wie überaus nützlich Schukow sein konnte. Chruschtschow und Malenkow riefen ihn zu sich: Morgen wird im Politbüro (es hieß jetzt bescheidener »Präsidium des Zentralkomitees«) ein militärisches Problem auf der Tagesordnung stehen. Man wird dich als Experten hinzuziehen, und dann mußt du auf der Stelle Berija verhaften! Vorerst weiß es außer uns dreien noch niemand. Nimm zwei oder drei zuverlässige Generale mit, natürlich auch Adjutanten und Waffen.

Zur festgesetzten Stunde saß Schukow im Vorzimmer und wartete darauf, in den Sitzungssaal gerufen zu werden. (Die Generale stellten Mutmaßungen darüber an, weshalb man sie wohl herbeordert habe. Schukow eröffnete es ihnen erst unmittelbar vor dem Betreten des Sitzungssaales, nachdem er mit Pistolen bewaffnete Wachen an den Saaltüren postiert hatte.) Schukow trat ein, nach einigen Schritten eilte er im Laufschritt auf Berija zu, packte ihn am Ellbogen, riß ihn mit Bärenkraft vom Tisch hoch – vielleicht gab es unter der Tischplatte ja einen Signalknopf für seine Leibwache – und brüllte ihn an:

»Du bist verhaftet!«

Ausgespielt hat er, dieser Abschaum, dieses böseste aller bösen Reptile! (Das gesamte Politbüro saß regungslos. Keines seiner Mitglieder hätte etwas Derartiges gewagt.) Schukow erinnerte sich an die Tambower Methode, Spione in Haft zu nehmen: Der Adjutant nimmt dem Verhafteten den Leibriemen ab, schneidet und reißt die Knöpfe von den Hosen, soll er sie doch mit den Händen festhalten. Dann wird er abgeführt.

Berija bekam einen Knebel in den Mund, wurde fest in einen Teppich gewickelt und auf den Boden eines Automobils gelegt, denn die Ochrana würde das Auto bei der Ausfahrt aus dem Kreml ja anhalten. Vier Generale nahmen im Wagen Platz, an der Wache wurde ihnen nur salutiert. So brachten sie dieses Reptil in den Stab des Militärbezirks, in den Bunker des Innenhofes, und ließen außerdem noch Panzer auffahren, deren Geschütze auf den Bunker gerichtet waren. (Den Prozeß zu führen war Konjew vorbehalten.)

Leider kannst du auch diesen süßen Augenblick nicht in deinen Memoiren festhalten. Es wäre nicht zweckdienlich, wäre keine Hilfe für die Sache der Kommunistischen Partei. Und wir sind vor allem Kommunisten.

Nach dieser Operation berief ihn die Kollektive Führung (Chruschtschow, Malenkow, Bulganin) erneut zu realer Arbeit. 1955 wurde Schukow Verteidigungsminister mit aller diesem zukommenden Kompetenz und Macht. Herr der Armee – und in welch verantwortungsschwerem Moment: Es ging um die Weiterentwicklung der Atombombe! (Mit Chruschtschow flog er zum Truppenübungsplatz Totzkoje am Ural. Dort wurde ein Versuch über die Überlebenschancen unserer Heere durchgeführt, 40000 Mann auf dem Feld unmittelbar nach einer Explosion, Ausarbeitung eines taktischen Präventivschlags gegen die NATO.) Schukow bereitete die Armee auf große Aufgaben vor, und sei es gegen Amerika.

Er reiste nach Genf zum Gipfeltreffen der Alliierten. (Dort traf er den Kollegen Eisenhower wieder. Der war jetzt Präsident der Vereinigten Staaten.)

So geht es nun mal im Leben – Unglück zu Unglück und Glück zu Glück. Er heiratete zum zweiten Mal, Galja war einunddreißig Jahre jünger als er. Eine Tochter wurde geboren, seine dritte, ganz besonders geliebte. Sie war ja so ein Kleinchen, fast wie ein Enkelchen…

Zorn auf Stalin empfand er nicht, nein. Alles, was er in den vergangenen Jahren erlitten hatte, strich er aus seinem Gedächtnis aus. Stalin war ein großer Mensch! Und wie gut hatte Schukow gegen Kriegsende mit ihm zusammengearbeitet. Wie vieles hatten sie gemeinsam durchdacht, gemeinsam entschieden!

Nur – der XX. Parteitag 1956 erschütterte ihn. So viele Mißbräuche wurden auf diesem Parteitag aufgedeckt! So viele! Es war überhaupt nicht auszudenken!

Auf dem XX. Parteitag wurde Schukow zum Kandidaten des Politbüros gewählt.

Und schon bald nach diesem Parteitag suchten einige Generale den allmächtigen Verteidigungsminister auf, sie kamen einzeln oder zu zweit:

»Georgij Konstantinowitsch, jetzt brauchen wir in der Armee doch keine Politabteilungen mehr, keine Kommissare. Sie stören nur unsere Arbeit. Befreien Sie uns von ihnen. Niemand wird wagen, Sie daran zu hindern. Und die ewig schnüffelnden Smersch-Leute* brauchen wir genausowenig wie die Besonderen Abteilungen. Dann wird bei uns alles dem Geist des XX. Parteitags entsprechen.«

So rückten sie an. Mehrmals, unauffällig, luden zu kleinen Tafelrunden ein (Schukow trank nie viel). Sie sagten ungefähr folgendes: Die russische *Armee* hat doch Hitler besiegt; weshalb wollen die da Idioten aus uns machen? Ist es jetzt nicht an der Zeit, Georgij Konstantinowitsch…? Oder auch direkt: Der Verteidigungsminister ist jetzt stärker als das ganze Politbüro zusammengenommen. Also – und…? Vielleicht…?

Schukow vertiefte sich sogar in den Gedanken: Vielleicht wäre es richtig? Die ganze Macht lag bei ihm; seine militärische Findigkeit hatte er nicht eingebüßt; und *jene* allesamt zu stürzen, war, operativ gesehen, nicht schwierig.

Aber wenn du Kommunist bist? Wie könnte ein Kommunist so handeln? Er ist doch dem eigenen Sieg verpflichtet, ja – auch dem politischen Apparat, auch dem Smersch.

Nein, ihr Lieben, das ist keine Sache.

Es war aber schon etwas durchgesickert, verbreitete sich in Moskau, wenn nicht auch in der Armee. Schon wurde Schukow vom beunruhigten Politbüro befragt.

Er beteuerte den Genossen:

»Wo denken Sie hin? Niemals war ich gegen die Institution von Politabteilungen in der Armee. Wir sind Kommunisten und das für immer.«

So überstanden sie die Krise, die das Jahr 1956 vielen Köpfen beschert hatte.

Schukow war sechzig Jahre alt und noch in vollem Saft. Wieder wurde er bei den Zwistigkeiten in der Kollektiven Führung gebraucht. Hier waren fast alle gegen Chruschtschow. Sie empfanden ihn als zu herrschsüchtig: Er eifert Stalin nach, wir sollten ihn absetzen. Chruschtschow stürzte zu Schukow:

»Rette mich!«

Um ihn zu retten, waren die Stimmen des Zentralkomitees erforderlich, denn im Politbüro besaß Chruschtschow nur eine winzige Minderheit, und seine Widersacher lehnten es ab, das Zentralkomitee einzuberufen.

Das war für Schukow das Leichteste vom Leichten. Er schickte sieben Dutzend Militärflugzeuge los, und alle ZK-Mitglieder waren im Handumdrehen in Moskau. Mit ihren Stimmen besaß Chruschtschow das Übergewicht. Jetzt entlarvte und verfluchte er die parteifeindliche Gruppe Molotow–Malenkow–Kaganowitsch und deren sämtliche Anhänger. (Bulganin und Woroschilow wurden später auch dazu geworfen.)

Georgij Konstantinowitsch Schukow hatte die Heimat vor dem deutschen Faschismus gerettet, er hatte sie vor dem Ungeheuer Berija und vor einer parteifeindlichen Gruppe gerettet, damit war er jetzt dreifach gekrönt, ein würdiger, geliebter Sohn des Vaterlands.

Nicht im Traum wäre ihm der Gedanke gekommen, sich mit einem so nichtsnutzigen Zeitvertreib wie Memoirenschreiben zu befassen.

Gerade hatte sich die Notwendigkeit ergeben, Jugoslawien und Albanien zu besuchen. Er fuhr mit einer Flotille von mehreren Kriegsschiffen vom Schwarzen Meer durchs Mittelmeer ins Adriatische Meer. Wundervoll war es, im Ungewohnten spazierenzufahren.

Da ereilte ihn in Belgrad die Nachricht, er sei als Verteidigungsminister abgesetzt worden!

Unmöglich! Irgendein dummes Mißverständnis? Eine Umbenennung, eine Umgestaltung? Er wird einen anderen Posten erhalten, einen gleichrangigen oder einen noch wichtigeren.

Ihm war beklommen zumute, er spürte eine seltsame Leere in der Brust. Und alles ringsum, diese Empfänge und die Besuche, waren ihm von Herzen zuwider. So rasch es anging, kehrte er nach Moskau zurück in der Hoffnung, sich mit Chruschtschow auszusprechen; er mußte sich doch an das Gute, das er Schukow zu verdanken hatte, erinnern. Zweimal hatte Schukow ihn gerettet.

Doch Chruschtschow erinnerte sich nicht nur nicht, er hatte im ZK erklärt: Schukow ist eine gefährliche Persönlichkeit! Er ist ein Bonapartist! Er will unsere geliebte Sowjetmacht stürzen! Und in Moskau angekommen, wer empfing Schukow direkt am Flugzeug? Konjew! Er begleitete ihn in den Kreml, und dort wurde ihm sein Ausschluß aus dem ZK und aus dem Politbüro mitgeteilt.

Von Belgrad aus hatte er nichts unternehmen können, und als er in Moskau anlangte, war er schon abgehalftert. Alles hatte sich geändert. Kein einziger Verbindungsdraht war ihm verblieben.

Erst jetzt! Erst jetzt erkannte Georgij Konstantinowitsch: Er war für Chruschtschow eine zu überragende Persönlichkeit, eine Figur, die jener nicht neben sich dulden konnte.

In der »Prawda« erschien ein Kommentar. Und von wem? Wieder Konjew! Ein niederträchtiger Artikel *gegen* Schukow. Ausgerechnet von Konjew, den Schukow vor Stalins Tribunal gerettet hatte, damals im Oktober 1941.

Eine derartige Beleidigung, eine derartige Kränkung, eine derartige Demütigung hatte Schukow in seinem ganzen Leben noch nicht erfahren. (Stalin, der war der legitime Herr gewesen, hatte über allen andern gestanden; er hatte das Recht auf die Macht gehabt, aber Chruschtschow – dieses Maiskörnchen?!) Die Kränkung war so schwer, daß er zu Schlafmitteln greifen mußte, nachts eine oder zwei Tabletten. Und morgens beim Aufwachen überfiel ihn sofort wieder der Schmerz, also nahm er wieder eine Tablette, nachts wieder und auch am nächsten Tag. Auf diese Weise schläferte er sich mehr als eine Woche lang ein, um den Schmerz auszuhalten.

Und mit dem Ausschluß aus dem ZK und aus dem Politbüro hatte es ja noch nicht einmal sein Bewenden. Er war auch aus der Armee hinausgeworfen und in den Ruhestand gestoßen worden. Und damit war es immer noch nicht genug. Ausgerechnet seinen Feind, jenen Golikow, machte Chruschtschow zum Chef der Politverwaltung von Heer und Flotte. Und ausgerechnet Golikow paßte jetzt scharf auf, um alle Aktivitäten des in Ungnade gefallenen Marschalls und alle vielleicht möglichen Demarchen treuer

Freunde zu durchkreuzen, seiner Freunde, die ihn in immer derselben Datscha im Wald, in diesem Haus mit dem sinnlosen Säulenvorbau besuchten. (Ja, danke, die Datscha hatten sie ihm gelassen.)

Und hier erlitt Schukow den zweiten Herzinfarkt (wenn es nicht noch etwas Schlimmeres gewesen war).

Er erholte sich davon, wurde aber nicht wieder der frühere eiserne Schukow. Irgendwie empfand er seinen Körper, dessen Kraft unwiederbringlich erlahmt war, als Last. Der Nacken erschlaffte, auch sein weltberühmtes gnadenloses Kinn. Die Wangen fielen ein, die Lippen bewegten sich schwerfällig, unkoordiniert.

Eine Zeitlang hatte ihn Tag und Nacht eine Krankenschwester betreut.

Jetzt hatte Schukow nur noch seine Frau Galja (sie war Ärztin und daher oft abwesend), das Töchterchen, die Schwiegermutter und seinen alten treuen Chauffeur, der ihn schon im Krieg begleitet hatte. Mit Interesse und Anteilnahme verfolgte er die Zensuren, die Maschenka in der Musikschule erhielt. (Immer war es sein Traum gewesen, auf der Knopfziehharmonika spielen zu können; und nach Stalingrad hatte sich auch etwas Zeit gefunden, um ein bißchen zu lernen. Jetzt übte er in den Mußestunden, wollte die »Körbelflechter« spielen, den »Baikal« und das Frontlied »Dunkle Nacht«.) Im übrigen beschäftigte er sich nur noch mit seinem geliebten Angeln, ging auf seinen Waldwegen spazieren und gab sich mit Blumen ab. Bei schlechtem Wetter wanderte er in dem großen Eßzimmer auf und ab, vom gewaltigen Eichenbüfett bis zu seiner Büste, einer Arbeit von Jewgenij Wutschetitsch, und dem Modell des Panzers T 34.

Das Leben der Außenwelt floß an ihm vorbei, als gebe es ihn nicht. Die vielbändige Geschichte des Großen Vaterländischen Krieges wurde veröffentlicht, aber an Schukow hatte man sich mit keiner einzigen Anfrage gewandt... Selbst sein Name war, wo es irgend anging, weggelassen worden. Er hatte gehört, sogar sein Photo habe man aus dem Armeemuseum entfernt. (Außer Wassilewskij und dem Verbindungsoffizier Bagramjan hatten sich alle von ihm abgewandt.)

Viele, viele Marschälle und Generale hatten sich mittlerweile darauf verlegt, ihre Erinnerungen zu schreiben und zu veröffentlichen. Und Schukow staunte über ihre gegenseitige Eifersucht. Es befremdete ihn, wie sie sich selbst herausstellten, sich bemühten, den anderen die Ehren wegzunehmen, ihnen aber die eigenen Mißerfolge und Fehler aufzubürden. So hatte auch Konjew seine Memoiren verfaßt (oder verfassen lassen). Sie zeigen ihn als den Untadeligen, Unfehlbaren. Dabei hatte er allen Ruhm des bescheidenen Watutin (den Bandera-

Leute* ermordeten) dreist an sich gerissen. Und Marschall der Artillerie Woronow, wohl wissend, daß Schukow sich nicht wehren konnte, ging sogar so weit, den Plan für die Operation Chalchin-Gol und ihren Erfolg sich zuzuschreiben.

Da endlich entschloß sich Schukow, seine Erinnerungen aufzuzeichnen. (Allerdings ohne Sekretär, eigenhändig, gemächlich, in aller Stille; ein ehemaliger Ordonnanzoffizier half ihm in dankenswerter Weise Daten und Fakten zu überprüfen. Selbst ins Archiv des Ministeriums zu fahren wäre unpassend und, wer weiß, am Ende würden sie ihn gar nicht einlassen.)

Ganz allgemein muß man sagen, daß es unumgänglich notwendig ist, Kriegserinnerungen aufzuschreiben. Was haben die Deutschen nicht schon alles publiziert! Und wieviel die Amerikaner. Na ja, was für einen Krieg haben denn die Amerikaner im Vergleich mit uns eigentlich geführt? Auch unsere einfachen Offiziere, sogar Subalternoffiziere, Sergeanten und Flieger drucken ihre Erinnerungen. Das alles ist gewiß nützlich. Doch wenn ein General, ein Marschall sogar, sich ans Werk macht, muß er sich seiner Verantwortung bewußt sein.

Schukow schrieb ohne Zorngefühle. Es drängte ihn nicht, mit ihnen allen zu streiten. (Wassilewskij dagegen hatte irgendeinen Böswilligen scharf abgekanzelt.) Unversöhnlichkeit ist im Kampf notwendig, hier nicht. Schukow war frei von Ressentiments, empfand sie weder Konjew noch Woronow gegenüber. Monate und Jahre der Ungnade waren ins Land gegangen, das Herz hatte sich beruhigt. Doch Unrichtiges darf man der Geschichte nicht hinterlassen. Man muß die Genossen, wenn auch milde, korrigieren und alles an den rechten Platz rücken. Milde, damit sie nicht länger gegeneinander hetzen, sich nicht mehr um die Aufteilung des Kuchens raufen. Was er selber nicht erreicht hat, nicht fertigbrachte, das verheimlicht er nicht. Denn aus Fehlern können künftige Generale lernen. Man muß die reine Wahrheit schreiben.

Doch die Wahrheit ändert sich im Lauf der Geschichte unablässig und unwiderruflich. Unter Stalin war sie so, unter Chruschtschow war sie eine andere. Und über vieles kann man sich nicht äußern, es ist noch zu früh. Ja... mit dem Ende des Krieges wird er schließen. Weiter in die Gegenwart will und darf er nicht fortschreiten.

Und plötzlich, siehe da, stürzten sie den Spruchbeutel Chruschtschow. Dieses Mal konnte Schukow ihm nicht mehr aus der Patsche helfen.

Die Lage des in Ungnade gefallenen Marschalls änderte sich durch Chruschtschows Sturz nicht, weder innerhalb einer Woche noch innerhalb eines Monats. Die Ungnade hing über ihm, sie wurde nicht aufs neue bestätigt (Golikow war schon nicht mehr im Amt), aber sie wurde auch nicht von ihm genommen. Wer würde es als erster wagen, das lösende Wort auszusprechen?

Eines jedoch gestattete er sich: Er reiste ins Gebiet Kaluga, in sein Heimatdorf, das er vor einem halben Jahrhundert verlassen hatte. Es zog ihn hin. Und es betrübte ihn, als er die Mädchen wiedersah, mit denen er einst in der Jugend getanzt hatte. Alte Frauen waren sie geworden, manche bettelarm, und das ganze Dorf war irgendwie heruntergekommen.

»Warum lebt ihr so armselig?« »Man hat uns nicht befohlen, reicher zu leben.«...

Der zwanzigste Jahrestag des Sieges nahte. Die neuen Machthaber kamen nicht drum herum, Schukow zum Festakt in den Kreml-Palast einzuladen. Zum ersten Mal seit mehr als sieben Jahren erschien er wieder in der Öffentlichkeit. Anschließend lud man ihn zu seiner Überraschung zum Bankett im Haus der Schriftsteller ein. Der Marschall war von der Herzlichkeit, mit der die Schriftsteller ihn begrüßten, gerührt und verwundert. Im selben Jahr luden sie ihn noch einmal ins Schriftstellerhaus ein, zum Jubiläum eines bekannten Militärschriftstellers. Schukow war in Zivil gekommen, man komplimentierte ihn ins Präsidium. Und weiter ging es, wie es eben bei Jubiläen zugeht. Er war ein außenstehender Gast, doch als in einer der halbdutzend Reden plötzlich ohne rechten Zusammenhang sein Name fiel, applaudierte der ganze Saal – die Moskauer Intelligenz – stürmisch. Zweimal erhoben sich alle von den Plätzen.

Wer hätte das für möglich gehalten?

Jetzt entschloß Schukow sich, nach Podolsk ins Zentralarchiv des Verteidigungsministeriums zu fahren, um gewisse Dokumente aus den Kriegsjahren einzusehen, auch seine eigenen Befehle. Jetzt boten die Archivare ihm jede Hilfe. Und jetzt tropften in seine während der Ungnade von allen vergessene Datscha bald Zeitungskorrespondenten, bald Filmleute, und es kam eine Frau von irgendso einem Verlag »Agentstwo Petschati Nowosti« (APN), um mit ihm einen Vertrag über die Veröffentlichung seiner Memoiren abzuschließen. Er sollte sie in einem halben Jahr fertigstellen (bis Berlin war er schon gelangt). Könnte das Buch bis zu seinem 70. Geburtstag fertig sein? Würde er dem Verlag alle Rechte zur Verbreitung im Ausland einräumen? Ja, bitte schön.

Noch vor kurzem hatte ihn niemand nach diesen Erinnerungsblättern gefragt, kaum einer kannte sie, und auf einmal wurden sie gebraucht, ja schnell; ja auf einmal in der ganzen Welt!

Jetzt mußte er sich beeilen, die Frist einhalten.

Diese grübelnde, sortierende Arbeit am Schreibtisch ist so gar nichts für einen Berufskrieger. Es ist leichter, eine Division fünf Kilometer vorzuverlegen, als eine neue Zeile zustandezubringen.

Doch eine Redakteurin half ihm. Erst eine, dann eine andere. Man bot ihm auch ein Tonbandgerät an. Die Redakteure hatten alle Worte parat, ganze Satzgebilde, die sehr gut klangen, zum Beispiel: »Die parteipolitische Arbeit bildete die wichtigste Voraussetzung für das Anwachsen der Kampfbereitschaft unserer Truppen.« Zuerst war er mit dem Satz nicht ganz einverstanden. Er hat doch selbst die Kampfkraft oft und oft angespornt, er weiß, wie sie zustande kommt. Doch dann dachte er sich in den Satz hinein. Nun ja, nicht die wichtigste Voraussetzung, aber, natürlich, eine der wichtigsten. Oder: »Die Partei- und Komsomolorganisationen opferten viel seelische Kraft, um die Kampfstimmung der Truppen zu heben.« Vertieft man sich in den Satz, ist auch er richtig und widerspricht nicht den Anstrengungen der operativen militärischen Führung. Und dann brachten sie ihm Archivmaterial, das er selbst noch nie kontrolliert hatte und auch jetzt nicht überprüfen konnte. Da stand schwarz auf weiß in den Berichten der Politabteilungen: »1943 zerstörten unsere ruhmreichen Partisanen elftausend deutsche Eisenbahnzüge.« Wie konnte das sein?... Aber schließlich, ganz ausgeschlossen war es nicht, die Züge konnten teilweise demoliert worden sein, hier einzelne Waggons, da Räder, dort eine Plattform.

Er bat APN, beim KGB nachzufragen, ob man die Berichte einsehen dürfe, die Berija und Abakumow gegen den Marschall aufgesetzt hatten. Die Antwort lautete: Leider sind diese Akten als historisch wertlos vernichtet worden.

Dafür erfuhr Schukow etwas anderes, das schon vor längerer Zeit von unserer ehemaligen Berliner Armeedolmetscherin veröffentlicht worden war: Sie hatte im Mai 1945 in der Reichskanzlei an der Identifizierung von Hitlers Gebiß*, dessen Leichnam gefunden worden war, teilgenommen. *Wie?* War Hitlers Leiche denn überhaupt gefunden? Schukow, der Oberbefehlshaber, der Sieger von Berlin, hatte weder damals noch später davon gehört! Ihm hatte man mitgeteilt, einzig und allein Goebbels' Leiche sei gefunden worden. Das hatte er damals in Berlin auch bekanntgegeben. Aber über Hitler war nichts bekannt. Haben sie ihn zum Narren gehalten? Haben seine Untergebenen insgeheim Stalin von dem Fund direkt informiert und Schukow übergangen? Und Stalin hat es Schukow nicht nur nicht mitgeteilt, sondern ihn im Juli 1945 in Potsdam gefragt, ob er nicht wisse, wo Hitler sei?...

Einen derartigen Treuebruch, noch dazu einen derart unbegreiflichen, konnte Schukow sich einfach nicht vorstellen.

Und er hatte geglaubt, er hätte Stalin in den Kriegsjahren durch und durch kennengelernt...

Doch wie könnte er die Täuschung in den Memoiren zugeben? ... Das wäre auch politisch falsch.

Die Sache machte Schukow hart zu schaffen. (Er mußte auch noch diese Dolmetscherin um Dokumente bitten, zu denen er keinen Zugang hatte.)

Und ins Zentralkomitee wurde er auch nicht wieder gewählt. (Es hieß, Suslow sei dagegen.)

Doch Konjew kam eines Tages, um sich zu entschuldigen.

Es fiel Schukow schwer, aber er verzieh ihm.

Ob gut oder schlecht – er gab das Manuskript fristgerecht im Verlag ab. Bis zur Veröffentlichung aber war es noch ein weiter Weg. Erst einmal klaubte dieser APN eine Gruppe von Konsultanten zusammen – »zur Überprüfung der Fakten«. Die Konsultanten brachten Monat für Monat immer neue *Vorschläge*, neue Formulierungen, fünfzig Schreibmaschinenseiten mit Bemerkungen.

Wie sollte da das Buch bis zum 70. Geburtstag erscheinen? Die Arbeit zog sich in die Länge. Vieles mußte herausgenommen, manches umgearbeitet werden. Die Charakteristiken von Tuchatschewskij, Uborewitsch, Jakir, Blücher mußten gestrichen werden. Eine neue Erfahrung: Du schreibst nicht, was du auf dem Herzen hast, sondern das, was durchgeht. Was *lassen sie durch*, was nicht? Was ist zeitgemäß, was nicht? (Und du selbst stimmst allem zu. Ja gewiß, so ist es.)

Früher hatte er einfach für sich selbst geschrieben, still und ruhig. Jetzt aber brannte er darauf, das Buch gedruckt zu sehen! Er machte Zugeständnisse, überarbeitete, rackerte sich zweieinhalb Jahre mit den Redakteuren ab, und das Buch erschien immer noch nicht.

Dann wurde bekannt, aus unerfindlichen Gründen seien die Politverwaltung der Armee und der frischgebackene Verteidigungsminister Gretschko gegen die Veröffentlichung der Memoiren. Das wiederum paßte Breshnew nicht; er erließ die Anordnung, »eine kompetente Kommission mit der Kontrolle des Inhalts zu beauftragen«.

Unterdessen reiste Georgij Konstantinowitsch mit Galja in seinem Monat Dezember (er war im Dezember geboren, und im Dezember hatte er bei Moskau gesiegt) ins Sanatorium Archangelskoje. Hier erlitt er einen schweren Schlaganfall.

Es dauerte lange, bis er sich ein wenig erholte. Anfangs konnte er nicht ohne fremde Hilfe gehen. Massagen und Heilgymnastik nahmen mehr als die Hälfte des Tages in Anspruch. Hinzu kam noch eine Entzündung des Trigeminusnervs.

Und schlecht stand es auch mit seinem Kopf.

Irgendwie war ihm das Buch gleichgültig geworden, wenn er auch sein Erscheinen gerne noch erlebt hätte.

In jenem Sommer 1968 marschierten die Unseren in der Tschechoslowakei ein. Recht taten sie daran.

Man durfte eine derart zügellose Eigenmächtigkeit nicht durchgehen lassen.

Die Sorgen der Heimat regten Schukow stets mehr auf als seine eigenen.

Und militärisch war die Operation erstklassig durchgeführt worden. Gut, sehr gut hatte sich unsere Schule bewährt.

Das dritte Jahr der Redaktionsarbeit ging zu Ende. Schukow wurde offen mitgeteilt, Leonid Iljitsch wünsche, in den Erinnerungen erwähnt zu werden.

Wieso denn das?... Wie sollte er sich an den Politruk Breshnew *erinnern*, wenn er doch während des Krieges nie auf dessen bescheidenem Aufmarschplatz bei Noworossijsk gewesen war?

Doch das Buch soll gerettet werden. Zwei oder drei Sätzchen ließen sich einfügen.

Danach erteilte Breshnew höchstpersönlich die Druckerlaubnis.

Und im Dezember zu Schukows 72. Geburtstag wurde das Buch zur Veröffentlichung freigegeben.

Freute er sich? Freute er sich nicht?

Er saß in einem tiefen Sessel, kraftlos, in sich zusammengesunken. Und erinnerte sich; erinnerte sich an den stürmischen Applaus im Haus der Schriftsteller. War das erst drei Jahre her? Wie der ganze Saal aufstand, alle stehen blieben, wie die Hände seinen unsterblichen Ruhm beklatschten. Dieser Beifall war die nachdrückliche Reduplikation jener ausgestreckten Fühler, jener Hoffnungen der Generale gleich nach dem XX. Parteitag.

Die Brust wurde ihm eng. *Damals* vielleicht, damals hätte er sich entscheiden müssen.

A-ach, offenbar hatte er eine Dummheit, eine Riesendummheit begangen? …

Anhang

Historische Personen

Abakumow, Viktor S. (1894–1954) Generaloberst. Im Krieg Leiter des militärischen Sicherheits- und Spionageabwehrdienstes (Smersch). 1946–1952 Minister für Staatssicherheit. 1954 hingerichtet.

Antonow, Alexander Stepanowitsch (?–1922) 1920/21 Anführer des Bauernaufstands im Gouvernement Tambow. 1922 gefangen und hingerichtet.

Antonow-Owssejenko, Wladimir Iwanowitsch (1883 bis 1938) Bürgerkriegsheld. 1936 sowjetischer Generalkonsul in Barcelona. 1937 Volkskommissar für Justiz der RSFSR. Während der Großen Säuberung (1936–1938) erschossen.

Berija, Lawrentij Pawlowitsch (1899–1953) 1938 bis 1953 Volkskommissar bzw. Minister des Inneren und oberster Chef des NKWD bzw. KGB. Im Dezember 1953 hingerichtet.

Blücher, Wassilij Konstantinowitsch (1890–1938) Bürgerkriegsheld. Marschall der Sowjetunion. 1929–1938 Oberkommandierender der Besonderen Fernost-Armee. Während der Großen Säuberung erschossen.

Breshnew, Leonid Iljitsch (1906–1982) Seit 1964 Generalsekretär der KPdSU, seit 1977 außerdem Vorsitzender des Obersten Sowjet.

Budjonnyj, Semjon Michajlowitsch (1883–1973) Bürgerkriegsheld, Marschall der Sowjetunion. 1924–1937 Oberbefehlshaber der Kavallerie. 1939–1943 Stellvertreter des Volkskommissars für Verteidigung.

Bulganin, Nikolaj Alexandrowitsch (1895–1975) Marschall der Sowjetunion. 1947–1949 Verteidigungsminister. 1949 bis 1952 Stellvertretender Vorsitzender des Ministerrats der UdSSR. 1952–1955 wieder Verteidigungsminister. 1955–1958 Vorsitzender des Ministerrats. 1958 kaltgestellt.

Chruschtschow, Nikita Sergejewitsch (1894–1971) 1953–1964 Erster Sekretär des ZK der KPdSU. 1958–1964 außerdem Vorsitzender des Ministerrats. 1964 kaltgestellt.

Denikin, Antonij Iwanowitsch (1872–1947) Zaristischer General. 1918–1920, während des Bürgerkriegs zwischen Weiß und Rot, Oberbefehlshaber der Weißen Freiwilligenarmee in Südrußland.

Frunse, Michail Wassiljewitsch (1885–1925) Bürgerkriegsheld. Vermutlich während einer Krankenhausbehandlung ermordet.

Golikow, Filip Iwanowitsch (1900–1980) General. 1943–1950 Leiter der Kader-Hauptverwaltung der Roten Armee. 1958–1962 Leiter der Politverwaltung von Heer und Flotte. 1961 Marschall der Sowjetunion.

Gretschko, Andrej Antonowitsch (1903–1976) Seit 1967 sowjetischer Verteidigungsminister.

Jakir, Jona Emmanuilowitsch (1896–1937) Bürgerkriegsheld. Bis 1937 Kommandierender des Militärbezirks Kiew. Während der Großen Säuberung erschossen.

Jerjomenko, Andrej Iwanowitsch (1892–1970) General. Marschall der Sowjetunion.

Kirponos, Michail Petrowitsch (1892–1941) Kommandierender des Militärbezirks Kiew. 1941 Oberbefehlshaber der sowjetischen Südwestfront, beging nach den großen Niederlagen im September 1941 Selbstmord.

Konjew, Iwan Stepanowitsch (1897–1973) Marschall der Sowjetunion. 1946–1950 und 1955/56 Oberbefehlshaber der Landstreitkräfte. 1955–1970 Oberbefehlshaber der Streitkräfte des Warschauer Paktes.

Kowtjuch, Epifan Jowitsch (1890–1938) Bürgerkriegsheld. 1935 Korpskommandeur. Während der Großen Säuberung erschossen.

Malenkow, Georgij Maximilianowitsch (1902–1988) 1953–1955 Ministerpräsident, Vorsitzender des ZK der KPdSU. 1955–1957 Minister für Energiewirtschaft. 1957 kaltgestellt.

Mamontow, Konstantin Konstantinowitsch (1869 bis 1920) Zaristischer General, befehligte im Bürgerkrieg ein Kavalleriekorps der Weißen Freiwilligenarmee.

Mechlis, Lew Sacharowitsch (1889–1953) 1940–1950 Volkskommissar (Minister) für Staatskontrolle.

Merezkow, Kirill Afanasjewitsch (1897–1968) Marschall der Sowjetunion, zeitweise Generalstabschef der Roten Armee. Teilnehmer des Spanischen Bürgerkriegs.

Molotow, Wjatscheslaw Michajlowitsch (1890 bis 1986) 1939–1949 und 1953–1957 sowjetischer Außenminister. 1957 kaltgestellt.

Nowikow, Nikolaj Alexandrowitsch (1900–1970) General. 1943–1945 Oberbefehlshaber der Panzertruppen.

Rokossowskij, Konstantin Konstantinowitsch (1896 bis 1968) Marschall der Sowjetunion. Während der Großen Säuberung zu Straflagerhaft verurteilt. Bei Kriegsbeginn 1941 freigelassen. Maßgeblich beteiligt an den Schlachten um Moskau und Stalingrad. 1949–1956 polnischer Verteidigungsminister. 1956–1962 Stellvertreter des sowjetischen Verteidigungsministers.

Schaposchnikow, Boris Michajlowitsch (1882–1845) 1937–1940 und 1941/43 Generalstabschef der Roten Armee. Gleichzeitig 1937–1943 Stellvertretender Volkskommissar für Verteidigung.

Schtscherbakow, Alexander Sergejewitsch (1901 bis 1945) Seit 1942 Leiter der Politischen Hauptverwaltung der Roten Armee.

Schukow, Georgij Konstantinowitsch (1896–1974) Marschall der Sowjetunion. 1941 Generalstabschef der Roten Armee. 1942–1945 Erster Stellvertreter des Volkskommissars für Verteidigung und Stellvertreter des Obersten Befehlshabers der Roten Armee. Beide Ämter hatte während des Krieges Stalin inne. 1945/46 Oberbefehlshaber der sowjetischen Besatzungstruppen in Deutschland und Chef der sowjetischen Militäradministration in Deutschland. 1953–1955 Erster Stellvertreter des Verteidigungsministers. 1955–1957 Verteidigungsminister. 1957 kaltgestellt.

Suslow, Michail Andrejewitsch (1902–1982) seit 1964 Leiter des Sekretariats des ZK der KPdSU.

Timoschenko, Semjon Konstantinowitsch (1895 bis 1970) Bürgerkriegsheld. Marschall der Sowjetunion. 1940 Volkskommissar für Verteidigung.

Tuchatschewskij, Michail Nikolajewitsch (1893 bis 1937) Bürgerkriegsheld. Marschall der Sowjetunion. Stellvertretender Volkskommissar für Verteidigung, maßgeblich beteiligt an der Reorganisation der Roten Armee. Während der Großen Säuberung erschossen.

Tschuikow, Wassilij Iwanowitsch (1900–1982) General. 1949–1953 Oberbefehlshaber der sowjetischen Besatzungstruppen in Deutschland. 1953 Kommandierender des Militärbezirks Ukraine.

Uborewitsch, Jeronim Petrowitsch (1896–1937) Bürgerkriegsheld. Kommandierender des Militärbezirks Weißrußland. Während der Großen Säuberung erschossen.

Wassilewskij, Alexander Maximowitsch (1895–1977) Marschall der Sowjetunion. 1946–1949 Generalstabschef der Sowjetarmee. 1949–1953 Minister für die sowjetischen Streitkräfte. 1953–1957 Stellvertreter des Verteidigungsministers.

Watutin, Nikolaj Fjodorowitsch (1901–1944) General. Von ukrainischen Unabhängigkeitskämpfern erschossen.

Wlassow, Andrej Andrejewitsch (1900–1946) General. Geriet 1942 in deutsche Kriegsgefangenschaft, stellte sich der deutschen Wehrmacht zur Verfügung und baute die sogenannte Wlassow-Armee auf. Nach Kriegsende an die Sowjetunion ausgeliefert, wurde er 1946 hingerichtet.

Woronow, Nikolaj Nikolajewitsch (1899 bis 1968) Hauptmarschall der Artillerie.

Woroschilow, Klimentij Jefremowitsch (1881–1969) Bürgerkriegsheld. 1925–1940 Volkskommissar für Verteidigung. 1946–1953 Stellvertretender Vorsitzender des Ministerrats. 1953–1960 Vorsitzender des Obersten Sowjet. 1960 kaltgestellt.

Wrangell, Pjotr Iwanowitsch (1879–1928) Zaristischer General. Korpskommandeur in der Weißen Freiwilligen Südarmee während des Bürgerkriegs 1918–1920.

Erläuterungen

Die hier erläuterten Begriffe sind im Text durch ein Sternchen * gekennzeichnet.

9 *Kleine Taten* war die von Nikolaj Wassiljewitsch Tschajkowskij (1850–1926) ausgegebene Parole der liberalen Volkstümlerbewegung, die mit praktischer Entwicklungshilfe den niedrigen Standard der bäuerlichen Wirtschaftsweise zu heben suchte und damit vor dem Ersten Weltkrieg gute Erfolge erzielt hatte.

10 *Semgor:* Zivile Hilfsorganisation im Ersten Weltkrieg zur Truppenversorgung, Verwundetenbetreuung, Waffen- und Munitionsbeschaffung.

Zur Sozialrevolutionären Partei, zu den Expropriateuren: Diese 1902 gegründete Partei hielt Individualterror durch Attentate auf Minister und Angehörige des Kaiserhauses für eine unerläßliche politische Kampfform. Die linken Sozialrevolutionäre besserten, genau wie die Bolschewiki, durch sogenannte Expropriationen – Überfälle auf Banken und Geldtransporte ihre Parteikassen auf.

22 *Tschechische Legion:* Tschechische und slowakische Angehörige der österreichisch-ungarischen Armee, die in russische Kriegsgefangenschaft geraten oder zu den Russen übergelaufen waren, formierten sich nach dem Frieden von Brest-Litowsk (3.3.1918) zur »Tschechischen Legion«, die im Sommer 1918 auf Seiten der Weißen kämpfte.

23 *TschON:* Bewaffnete Freiwilligenverbände, die 1920/21 von den Bolschewiki zur Partisanenbekämpfung eingesetzt wurden.

69 *Gegen Polen:* Der polnisch-sowjetische Krieg (April bis Oktober 1920) endete mit dem Frieden von Riga. Polen erhielt die Westukraine mit Galizien und Wolhynien.

69 *Rote Kommandeure:* Nach der Revolution wurde der Terminus »Offizier« sowie alle Rangbezeichnungen abgeschafft und einheitlich vom Zugführer bis zum General durch die Bezeichnung »Komandir« (Kommandeur) ersetzt. 1940 wurden die alten Ränge wieder eingeführt.

95 *Nach dem XX. Parteitag:* Nikita Chruschtschow enthüllte in seiner Geheimrede vor dem XX. Parteitag der KPdSU im Februar 1956 zahlreiche Verbrechen Stalins.

95 *Chalchin-Gol:* Grenzfluß zwischen der Mandschurei und der Mongolei. Im Frühjahr 1939 kam es zu Grenzstreitigkeiten zwischen der Mongolischen Volksrepublik und Japan, in die die Sowjetunion auf Seiten der Mongolei eingriff. Die Kämpfe dauerten von Mai bis September 1939.

95 *Krieg gegen Finnland:* 28. November 1939 bis 12. März 1940. Er brachte der Sowjetunion die Karelische Landenge, mehrere Inseln im Finnischen Meerbusen sowie West- und Nordufer des Ladogasees ein.

97 *Mit Pauken und Trompeten fortgejagt:* Gemeint ist Nikita Chruschtschow, der im Oktober 1964 aller Ämter enthoben worden war.

107 *Serebrjanyj bor:* Datschensiedlung für Partei-, Militär- und Regierungsprominenz.

111 *Tag der Konstitution:* Am 4. Dezember 1936 war die Stalinsche Konstitution verkündet worden, auf dem Papier die freieste und demokratischste Verfassung der Welt.

133 *Smersch-Leute:* Smersch ist die Abkürzung für den militärischen Sicherheits- und Spionageabwehrdienst Smertj schpionan = Tod den Spionen.

140 *Bandera-Leute:* Stepan Bandera (1909–1959) war Führer und später Symbolfigur der ukrainischen Unabhängigkeitsbewegung, die bis in die fünfziger Jahre einen antisowjetischen Partisanenkrieg führte. Bandera wurde 1959 in München ermordet.

145 *Identifizierung von Hitlers Gebiß:* Diese Identifizierung wurde wenig später in Frage gestellt, dann als unzutreffend dementiert.